La Seine à pied en Île-de-France

GR® 2

AVEC L'APPUI TECHNIQUE DU COMITÉ RÉGIONAL D'ILE-DE-FRANCE DE LA RANDONNÉE PÉDESTRE ET DES COMITÉS DÉPARTEMENTAUX DE LA SEINE-ET-MARNE, DE L'ESSONNE, DU VAL-DE-MARNE, DE PARIS, DES YVELINES, DES HAUTS-DE-SEINE, DE LA SEINE-SAINT-DENIS, DU VAL-D'OISE, DE L'EURE ET DE LEURS BÉNÉVOLES

Confluent de la Seine et du Loing, à Saint-Mammès / photo J.-P.J.

Sommaire

- Comment utiliser ce guide ? — 4
- Infos pratiques — 6
- Découvrir la Seine à pied en Île-de-France — 24
- **GR® 2**
  > de Montereau à Vernon — 29
- Variante Sud de Melun — 109
- Variante Confluent Seine-Marne — 115
- Index thématique — 127
- Index géographique — 128

INFOS PRATIQUES

Comment utiliser ce guide GR®

POUR COMPRENDRE LA CARTE IGN

Les courbes de niveau
•974 Chaque courbe est une ligne (figurée en orange) qui joint tous les points d'une même altitude. Plus les courbes sont **serrées** sur la carte, plus le terrain est **pentu**. A l'inverse, les courbes **espacées** indiquent une pente **douce**.

Route	═══
Chemin	───
Sentier	- - -
Voie ferrée, gare	┼┬┼
Ligne à haute tension	→──
Cours d'eau	～
Nappe d'eau permanente	⬭
Source, fontaine	⌐
Pont	)(
Eglise	⌂
Chapelle, oratoire	ᛏ
Calvaire	†
Cimetière	⊞
Château	▬
Fort	⬡
Ruines	∴
Dolmen, menhir	⊓ Δ
Point de vue	\\|/

D'après la légende de la carte IGN au 1 : 50 000.

Les sentiers de Grande Randonnée® décrits dans ce **TopoGuide** sont tracés **en rouge** sur la carte IGN

Autres sentiers de Grande Randonnée® dans la région ─ ─ ─

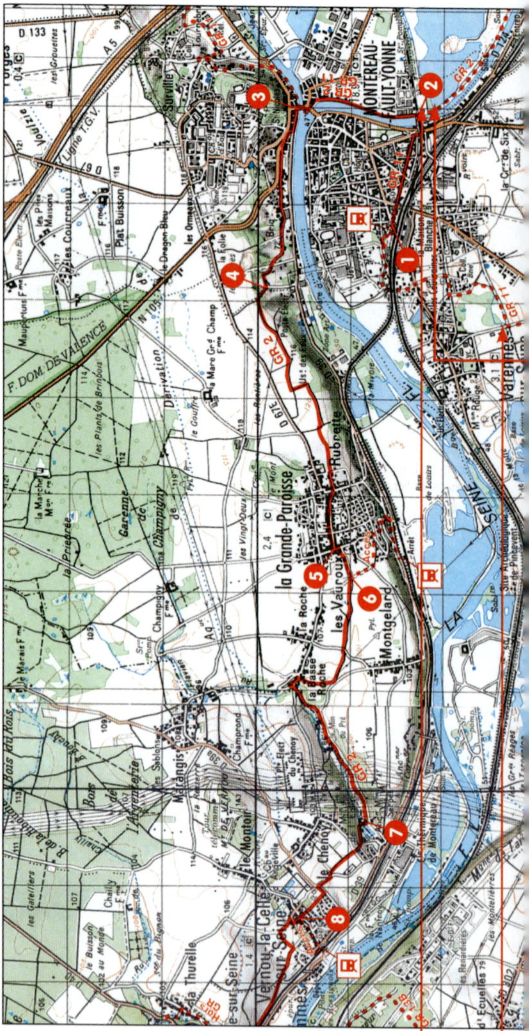

Situation géographique sur le sentier **GR**® (descriptif indiqué page de droite)

4 • LA SEINE À PIED EN ÎLE-DE-FRANCE

INFOS PRATIQUES

← Découverte de la nature et du patrimoine

Le sentier GR® 2
De Montereau-Fault-Yonne à Vernon

GR® 2 ← N° du GR®

← Titre de l'itinéraire

| De Montereau-Fault-Yonne au pont de Seine | 2,7 km | 40 min |

← Descriptif du bandeau :
■ L'étape de… à…
■ Kilométrage
□ Temps de marche
▬ Couleur du balisage

À Montereau-Fault-Yonne > 🏛 ⛺ 👤 🍴 ✕ 🚻 🚌 🚉 ♻

👁 > Musée de la Faïence, hospice de la Charité, collégiale Notre-Dame-et-Saint-Loup XIIᵉ-XVIᵉ, prieuré Saint-Martin Xᵉ-XIᵉ.

❶ De la gare [> jonction avec le GR® 11], prendre à droite la rue Léo-Lagrange jusqu'au rond-point. Le traverser et, avant le pont ferroviaire, monter par le chemin à gauche. Franchir l'Yonne et descendre l'escalier [> jonction avec le GR® 2 qui arrive à droite de Sens].

❷ Continuer en face, passer sous deux ponts routiers et arriver au confluent de l'Yonne et de la Seine. ← Remonter le long du fleuve vers la statue de Napoléon et franchir le pont de Seine à gauche.

← ❷ Situation sur la carte (indiquée p. de gauche), avec descriptif détaillé du sentier de Grande Randonnée®.

| Du pont de Seine à La Grande-Paroisse | 5,6 km | 1 h 25 |

❸ Prendre à gauche la D 39 [> séparation du GR® 11 qui part à droite]. Après l'arrêt de bus, monter à droite par la rue du Bac, continuer à gauche par la D 605 puis par la rue du Bateau. Elle devient un chemin puis un sentier qui aboutit sur une sente pentue.

❹ Grimper à droite, virer à gauche et continuer par le chemin en bordure du plateau. En vue des maisons de La Grande-Paroisse, tourner à gauche. Le chemin oblique à droite en lisière du bois. Effectuer un droite-gauche et parcourir le chemin herbeux qui mène au village. Prendre la rue à droite. Elle vire à gauche. Poursuivre en face par la rue Grande.

❺ Au T, prendre la rue à gauche sur 75 m, puis celle à droite. Elle débouche sur une route près du stade [> accès pour la gare décrit en sens inverse].

| De La Grande-Paroisse à Vernou-La-Celle-sur-Seine | 4,8 km | 1 h 10 |

À La Grande-Paroisse > ⛺ 🍴 ✕ 🚻 🚌 🚉 ♻

Accès > depuis la gare de la Grande-Paroisse | 1,4 km | 20 min |
De la gare, emprunter à droite la D 39, le cimetière passé, le contourner [👁 > église Saint- ← Germain XIᵉ] et gravir la sente bétonnée coupant deux fois la route. Suivre à gauche le chemin de terre puis prendre la route à gauche, le chemin en face et la route dans le prolongement jusqu'à la bifurcation près du stade.

❻ Traverser la route et prendre le chemin de droite. Après un gauche-droite sur la route, longer à droite la route sur 30 m, puis continuer à droite par le chemin. Dans La Basse-Roche, tourner deux fois à gauche pour suivre la route de la Vallée-des-Moulins.

❼ Partir à droite au niveau du moulin de l'Église et, en haut, continuer tout droit. Au rond-point, tourner à gauche puis à droite pour gagner l'église [XIIIᵉ-XVIᵉ] de Vernon [> accès pour la gare décrit en sens inverse].

Accès > depuis la gare de Vernou-La-Celle-sur-Seine | 600 m | 10 min |
Prendre à gauche en sortant de la gare puis à droite jusqu'à l'église.

GR® 2 • De Montereau-Fault-Yonne à Vernon • 29

👁 Curiosités touristiques, monuments, etc. à découvrir durant l'étape.

itinéraires Hors GR®:
■ Distance de marche
□ Temps de marche
▬ Couleur du balisage
🍴 ✕ Ressources disponibles (voir tableaux p. 10-11)

👁 Curiosités, etc.
Le **Hors GR®** est un itinéraire, généralement **non balisé,** qui permet de rejoindre un hébergement, un moyen de transport, un point de ravitaillement. Il est indiqué en tirets sur la carte.

COMMENT UTILISER CE GUIDE

INFOS PRATIQUES • **5**

INFOS PRATIQUES

Idées de randonnées

DIX-SEPT RANDONNÉES DE 1 à 2 JOURS

À la journée	1 Jour
De Monterau-Fault-Yonne à Champagne-sur-Seine (pp. 29-33)	23,9 km
De Champagne-sur-Seine à Bois-le-Roi (pp. 33-39)	23,9 km
De Bois-le-Roi à Cesson (pp. 39-43)	21,8 km
De Cesson à Corbeil-Essonnes (pp. 43-45)	21,3 km
De Corbeil-Essonnes à Villeneuve-Saint-Georges (pp. 45-51)	22,5 km
De Villeneuve-Saint-Georges à Joinville-le-Pont (pp. 51-55)	20,2 km
De Joinville-le-Pont à Issy – Val-de-Seine (pp. 55-69)	23 km
D'Issy – Val-de-Seine à Garches (pp. 69-75)	15,7 km
De Garches à Sartrouville (pp. 75-83)	20,2 km
De Sartrouville à Conflans-Fin-d'Oise (pp. 83-87)	16,5 km
De Conflans-Fin-d'Oise à Meulan-Hardricourt (pp. 87-89)	20 km
De Meulan-Hardricourt à Mantes (pp. 89-97)	22,3 km
De Mantes à Bonnières-sur-Seine (pp. 97-101)	30,1 km
De Bonnières-sur-Seine à Vernon (pp. 101-105)	19,6 km
De Bois-le-Roi au Plessis-Chênet (pp. 109-113)	26,7 km

De Mantes à Vernon (les falaises de la Seine)	2 Jours
1er jour : de Mantes à La Roche-Guyon (pp. 97-101)	21,6 km
2e jour : de La Roche-Guyon à Vernon (pp. 101-105)	16,5 km

De Fontainebleau au Coudray-Montceaux	2 Jours
1er jour : de Fontainebleau-Avon à Bois-le-Roi (pp. 37-39)	16,1 km
2e jour : de Bois-le-Roi au Coudray-Montceaux par la variante (pp. 109-113)	24,4 km

LES ITINÉRAIRES DÉCRITS

GR® 2 > de Monterau-Fault-Yonne à Vernon (262 km).
Variante Melun-Sud > de Bois-le-Roi au Plessis-Chênet (26 km).
Variante confluent Seine-Marne > de Choisy-le-Roi au bois de Vincennes (8 km)

INFOS PRATIQUES

Suivez les balisages de la FFRandonnée

LES TYPES DE BALISAGE

Type d'itinéraire			
Bonne direction			
Tourner à gauche			
Tourner à droite			
Mauvaise direction			

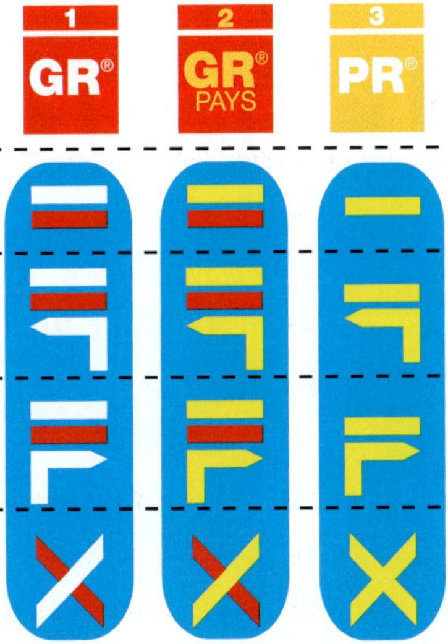

1 Grande Randonnée / **2** Grande Randonnée de Pays / **3** Promenade & Randonnée

MARQUAGES DES BALISAGES

Le jalonnement des sentiers consiste en marques de peinture sur les arbres, les rochers, les murs, les poteaux ou plaquettes. Leur fréquence est fonction du terrain.

Les baliseurs : savoir-faire et disponibilité

Pour cheminer sereinement, 6 000 bénévoles passionnés s'activent toute l'année, garants d'un réseau de 180 000 kilomètres de sentiers, sélectionnés et aménagés selon des critères de qualité.

BIEN PRÉPARER SA RANDONNÉE

INFOS PRATIQUES

Avant de partir... en randonnée

Période conseillée

- Les itinéraires décrits dans ce topo-guide sont praticables toute l'année. Cependant, en hiver et au printemps, les chemins peuvent être humides et boueux.
- Avant de partir, nous vous recommandons de prendre connaissance des prévisions météorologiques, par téléphone, Météo France 32 50 ou sur www.meteofrance.fr
- En période de chasse (fin septembre à février), soyez particulièrement vigilants et respectez les panneaux d'avertissement sur le chemin, notamment dans les traversées de forêts.

Difficultés

Le GR® 2 dans son ensemble ne présente pas de difficulté particulière. Toutefois, le tronçon entre Limay et Vernon comporte d'assez fortes dénivellations qui lui donnent un caractère sportif. Quelques passages à flanc de falaise, qui peuvent être glissants par temps humide, devront être suivis avec précaution.

Se rendre et se déplacer dans la région

- **Transports d'Ile-de-France :**
 www.vianavigo.com/ (horaires trains et cars)
- **SNCF**
Le GR® 2, en Ile-de-France, est desservi par de nombreuses gares.
Renseignements : 08 91 36 20 20, www.transilien.com
- **RATP :**
08 92 68 77 14 et 01 58 76 16 16, www.ratp.fr
- **Transport par car en Seine-et-Marne :**
www.seine-et-marne.fr/Cadre-de-vie-Transports/Transports-en-commun.
- **TER Haute-Normandie :**
http://www.ter-sncf.com/Regions/Haute_Normandie/fr/

Hébergements, restauration, commerces et services

Se loger

On peut se loger chaque soir sur l'itinéraire ou à proximité immédiate. Les formules d'hébergement sont diverses et variées (gîtes d'étape, refuges, hôtels, chambres d'hôtes ou chez l'habitant, campings, etc.). Pour les gîtes d'étapes et refuges, renseignez-vous auprès du logeur pour savoir s'il faut emporter son sac ou son drap de couchage.

La réservation est vivement recommandée (des arrhes pourront vous être demandés). La liste présentée se veut exhaustive, sans jugement sur la qualité de l'accueil et le confort.

Se restaurer

Un bon petit déjeuner pour commencer la journée, un bon dîner le soir à l'étape : c'est cela aussi la randonnée. Là encore, les formules sont variées (repas au gîte, à l'hôtel, tables d'hôtes, restaurants, fermes-auberges, etc.). Dans certains gîtes d'étape, on peut préparer soit-même son dîner et petit déjeuner, renseignez-vous auprès des propriétaires. Un forfait demi-pension est souvent proposé (nuit, dîner, petit déjeuner).

INFOS PRATIQUES

Tableau de ressources (lecture des localités)

	Localité sur le parcours du GR®
	Localité **hors** GR®

GR®2 | Gîte d'étape ou refuge | Hôtel | Chambre d'hôte | Camping | Ravitaillement | Restaurant | Café | Office de tourisme | Car | Train | Distributeur de billets

Km	LOCALITÉS		Gîte	Hôtel	Ch. d'hôte	Camping	Ravit.	Rest.	Café	Office	Car	Train	Distrib.
	MONTEREAU-FAULT-YONNE	29		•	•	•	•	•	•	•	•	•	•
8,3	LA GRANDE-PAROISSE	29				•	•	•	•		•	•	
4,8	VERNOU – LA CELLE-SUR-SEINE	33					•	•	•		•		
1,6	CHÂTEAU DE GRAVILLE (Hors GR® à 1,5 km)	33			•								
4,6	CHAMPAGNE-SUR-SEINE	33					•	•	•		•	•	•
6,8	VULAINES-SUR-SEINE – SAMOREAU	37		•			•	•	•		•		
1,4	FONTAINEBLEAU (Hors GR® à 2,9 km)	37		•	•	•	•	•	•	•	•	•	•
1,3	HALTE SNCF (Hors GR® à 3,3 km)	37										•	
1,4	SAMOIS-SUR-SEINE	37		•	•	•	•	•	•		•		
6,3	FONTAINE-LE-PORT	37						•			•	•	
4,2	CHARTRETTES	39			•		•	•	•		•		
1,2	BOIS-LE-ROI	39	•	•	•	•	•	•	•		•	•	•
7,4	MELUN	41		•	•	•	•	•	•	•	•	•	•
2,6	LE MÉE-SUR-SEINE	41		•			•	•	•		•		•
3,1	BOISSETTES	41						•			•		
1,5	BOISSISE-LA-BERTRAND	41			•		•	•			•		
6,3	CESSON	43					•	•	•		•	•	•
6,7	SEINE-PORT	43			•		•	•	•		•		
7,5	MORSANG-SUR-SEINE	43			•			•			•		
1,3	LE PLESSIS-CHÊNET	45										•	
	LE COUDRAY-MONTCEAUX (Hors GR® à 1,2 km)	45		•			•	•	•		•	•	
5	CORBEIL-ESSONNES	45		•	•		•	•	•	•	•	•	•
2,8	ÉTIOLLES (Hors GR® à 1,2 km)	45					•	•	•		•		
1,3	ÉVRY	49		•			•	•	•		•	•	•
4,1	RIS-ORANGIS	49					•	•	•		•	•	•
2,5	DRAVEIL	49		•			•	•	•		•		•
2,2	VIGNEUX-SUR-SEINE (Hors GR® à 4,7 km)	49					•	•	•		•	•	•
0,7	JUVISY	49			•		•	•	•		•	•	•
3,6	ATHIS-MONS	49		•	•		•	•	•		•	•	•
4,5	VILLENEUVE-SAINT-GEORGES	51		•			•	•	•		•	•	•
5	CHOISY-LE-ROI	51		•			•	•	•	•	•	•	•
5	MAISONS-ALFORT	51		•			•	•	•		•	•	•
1,9	CRÉTEIL	51		•	•		•	•	•		•	•	•
3,2	SAINT-MAUR-DES-FOSSÉS	55		•			•	•	•	•	•	•	•
3,3	JOINVILLE-LE-PONT (Hors GR® à 1,8 km)	55		•		•	•	•	•		•	•	•
10,4	PARIS (NOTRE-DAME)	59		•	•		•	•	•	•	•	•	•
10,8	ISSY-LES-MOULINEAUX	69		•			•	•	•		•	•	•

INFOS PRATIQUES

GR 2® suite

Km	LOCALITÉS	RESSOURCES	🛏️	🏨	🏕️gîte	⛺	🛒	🍴	☕	ℹ️	🚌	🚆	🚕
4,2	MEUDON	69		•			•	•	•	•	•	•	•
5,8	CHAVILLE	75		•			•	•	•		•	•	•
1,3	VILLE-D'AVRAY	75					•	•	•		•	•	
1,7	MARNES-LA-COQUETTE	75					•	•	•				
1,7	GARCHES	75					•	•	•		•	•	•
1,3	VAUCRESSON	77			•		•	•	•		•	•	•
6	BOUGIVAL	77		•	•		•	•	•		•		•
4,7	LE PECQ	81					•	•	•		•	•	•
	SAINT-GERMAIN-EN-LAYE (Hors GR® à 1,4 km)	81		•			•	•	•	•	•	•	•
5,8	SARTROUVILLE	83		•			•	•	•		•	•	•
3,6	CORMEILLES-EN-PARISIS (Hors GR® à 1,2 km)	83					•	•	•		•	•	•
2,2	LA FRETTE – MONTIGNY	83					•	•	•		•	•	•
1,6	HERBLAY	83					•	•	•		•	•	•
5,8	CONFLANS-SAINTE-HONORINE	83					•	•	•		•	•	•
1,8	CONFLANS - FIN-D'OISE	87										•	
1,7	ANDRÉSY	87			•		•	•	•		•		•
3,7	CHANTELOUP-LES-VIGNES	87		•			•	•	•		•		•
2,3	TRIEL-SUR-SEINE	89				•	•	•	•		•	•	•
5	VAUX-SUR-SEINE	89			•	•	•	•	•		•	•	•
4,4	MEULAN-HARDRICOURT (Hors GR® à 2,8 km)	89		•			•	•	•		•		•
7,3	OINVILLE-SUR-MONTCIENT	93					•	•	•				
2,7	JUZIERS (Hors GR® à 3,6 km)	95					•	•				•	
9,5	MANTES (Par GR® 11 à 6,1 km)	97		•			•	•	•	•	•	•	•
2,1	FOLLAINVILLE	97					•	•	•		•		
	MANTES (Hors GR® à 7,3 km)	97		•			•	•	•	•	•	•	•
3,9	SAINT-MARTIN-LA-GARENNE	101					•	•		•			
3,7	VÉTHEUIL	101	•				•	•	•				•
7,4	LA ROCHE-GUYON	101	•	•	•		•	•	•		•		•
2,7	BONNIÈRES-SUR-SEINE (Hors GR® à 5,8 km)	101					•	•	•		•	•	•
	BENNECOURT (Hors GR®)	101			•								
7,6	GIVERNY	105		•			•	•	•	•	•		•
6,2	VERNON	105	•	•			•	•	•	•	•	•	•

Variante Melun - Sud

	BOIS-LE-ROI	109	•	•			•	•	•		•	•	•
5,9	MELUN (Hors GR® à 1,5 km)	109		•			•	•	•	•	•	•	•
7,2	BOISSISE-LE-ROI	113					•				•	•	•
2,3	PONTHIERRY	113		•			•	•	•		•	•	•
4	SAINT-FARGEAU	113		•	•		•		•				
5	LE COUDRAY-MONTCEAUX	113		•			•				•	•	
1,4	LE PLESSIS-CHÊNET	113									•		

Variante confluent Seine-Marne

	CHOISY-LE-ROI (Accès gare à 700 m)	115		•			•	•	•	•	•	•	•
6,3	ALFORTVILLE	115					•		•		•	•	•

TABLEAU DES RESSOURCES PAR LOCALITÉ

INFOS PRATIQUES

Liste des hébergements

Pour faciliter la lecture, les hébergements sont cités dans le sens du parcours.

SUR LE GR® 2

Montereau-Fault-Yonne (77130)
- **Hôtel** *de la Gare*, 2 place Sémard, 01 64 70 03 69
- **Hôtel** *de la Banque*, 27 avenue du Général-De-Gaulle, 01 64 31 45 64
- **Chambres d'hôtes**, Dechy Alain, 4 quai Noues, 01 64 32 04 05

La Grande-Paroisse (77130)
- **Camping** *de la Noue Notre-Dame*, La Noue-Notre-Dame, ouvert du 16 mars au 31 octobre, 07 85 97 62 43

Château de Graville (La Thurelle, Vernou-la-Celle-sur-Seine 77670), hors GR® à 1,5 km
- **Chambre d'hôtes et cabanes dans les arbres** *du Château de Graville*, château de Graville, 01 64 23 08 97 ou 06 21 77 16 64

Vulaines-sur-Seine (77870)
- **Hôtel** *L'Anneau de Mallarmé*, Logis de France, 8 quai Stéphane-Mallarmé, 01 64 23 71 61

Fontainebleau – Avon (77300), hors GR® à 3 km
- **Chambres d'hôtes** *Demeure Les Aiglons*, 06 07 70 82 77
- **Chambres d'hôtes** *Le Parc Sainte-Marie*, M. Maderou, 13 allée du Parc-Sainte-Marie, 06 70 27 05 02
- **Hôtel** *Victoria*, 112-122 rue de France, 01 60 74 90 00, www.hotelvictoria.com
- *Aigle Noir* **Hôtel**, 27 place Napoléon-Bonaparte, 01 60 74 60 00
- **Hôtel** *Napoléon*, 9 rue Grande, 01 60 39 50 50
- **Hôtel** *Mercure Royal*, 41 rue Royale, 01 64 69 34 34
- **Hôtel** *La Carpe d'Or*, 7 rue d'Avon, 01 64 22 28 64

Samois-sur-Seine (77920)
- **Chambres d'hôtes** *La Bonne Amie*, 06 08 89 22 03
- **Hôtel** *L'Hostellerie du Country-Club*, 11 quai Franklin-Roosevelt, 01 64 24 60 34
- **Camping** *Camp Club Atouvert Le Petit Barbeau*, chemin du Petit-Barbeau, 01 64 23 89 91

Chartrettes (77590)
- **Chambres d'hôtes** *Relais du Manoir*, 46 rue Georges-Clemenceau, 01 60 69 58 58

Bois-le-Roi (77590)
- **Hôtel** *Le Pavillon Royal*, 40 avenue Galliéni, 01 64 10 41 00, http://perso.wanadoo.fr/hotel.lepavillonroyal
- **Chambres d'hôtes** *Le Clos Fleuri*, 06 20 52 72 67
- **Chambre d'hôtes** *La Bacotterie*, 06 71 63 98 46
- **Camping, gîte d'étape** *de la Base Régionale de Loisirs*, rue du Tournezy (à 800 m, à l'est du barrage), 01 64 81 33 16, boisleroi.cial@ucpa.asso.fr, www.ucpa-boisleroi.com

Melun (77000)
- **Chambres d'hôtes** *La Closerie des Trois-Marottes*, 13 bis rue Louviot, 06 61 13 22 19
- **Modern Hôtel** - 2 quai Maréchal Joffre, 77000 Melun tél : 01 64 37 17 82
- **Hôtel** *Ibis Melun*, 81 avenue de Meaux (ZUP de l'Almont), 01 60 68 42 45
- **Hôtel-restaurant** *Le Grand Monarque*, 870 avenue du Général Leclerc (RN 6), La Rochette, 01 64 39 04 40
- **Camping** *La Belle-Étoile*, 64 bis quai du Maréchal-Joffre, 01 64 39 48 12, www.campinglabelleetoile.com

Le Mée-sur-Seine (77350)
Hôtel-restaurant du Mée, 905 avenue de la Libération, 01 60 68 60 83

INFOS PRATIQUES

LISTE DES HÉBERGEMENTS

Beaulieu (Boissise-la-Bertrand 772240), hors GR® à 1,8 km
• **Chambres d'hôtes** *Domaine de l'Orangerie*, 1570 rue de Seine, à l'ouest de Boissise-la-Bertrand en bord de Seine, 01 64 37 09 99, www.domaine-orangerie.com

Seine-Port (77240)
• **Chambres d'hôtes** *Orangerie de Croix Fontaine*, 44 rue Croix-Fontaine, sur le GR® à la sortie du village, 06 25 95 79 44
• **Chambres d'hôtes** *La Grande Maison*, 40 rue Croix-Fontaine, sur le GR® à la sortie du village, 06 03 26 19 41

Morsang-sur-Seine (91250)
• **Chambre d'hôtes** La Charlènière, 13 chemin des Basses-Montelièvres, 4 chambres, 01 60 79 22 10 ou 06 03 59 03 28, www.lacharleniere.fr, www.lacharleniere.fr

Corbeil-Essonnes (91100)
• **Nombreux hébergements**, se renseigner auprès de l'OT : 01 64 96 23 97, www.office-tourisme.essonne

Évry (91000)
• **Nombreux hébergements**, se renseigner auprès de l'OT : 01 60 77 36 98, www.office-tourisme.essonne

Draveil (91210)
• *Comfort Hôtel Orly Draveil*, 46 avenue de Bellevue, 01 69 73 12 48, www.comforthotel-orlydraveil.net

Juvisy-sur-Orge (91260)
• **Chambre d'hôtes** *Les Rocailles*, Gaudin Aurélia, 43 avenue de la Terrasse, 01 69 45 18 17

Athis-Mons (91200)
• **Nombreux hôtels**, se renseigner auprès de la mairie : 01 69 54 54 54
• **Studios** *Les Jardins de Jykourt*, 10bis rue Camille-Desmoulins, location possible à la nuitée, 01 69 38 56 39 ou 06 64 68 84 91, joelle.eskenazi@wanadoo.fr, locations-meublees.monsite-orange.fr

Val-de-Marne
• **Nombreux hébergements**, se renseigner auprès des mairies ou des OT, www.gites.fr/departement_gites_val-de-marne_94.html

Choisy-Le-Roi (94600)
• **Hôtel** *du Parc*, 4 bis rue Alphonse-Brault, 01 48 84 75 89, www.le-parc-hotel.fr, reservation@le-parc-hotel.fr

Créteil (94000)
• **Nombreux hôtels**, se renseigner auprès de l'hôtel de ville : 01 49 80 92 94
• **Chambre d'hôtes**, José Martins, 34 rue de Bretagne (sur le GR®), 01 70 13 46 56

Saint-Maur-des-Fossés (94100)
• **Nombreux** hébergements, se renseigner à la mairie : 01 45 11 65 65, www.gites.fr/gites_saint-maur-des-fosses_38566.html

Joinville-le-Pont (94340)
• **Nombreux hébergements**, se renseigner à l'OT : 01 49 76 60 15, www.ville-joinville-le-pont.fr

Paris (75000)
• **Nombreux hébergements**, se renseigner auprès de l'Office du Tourisme et des Congrès de Paris, 01 49 52 42 63 ou 08 92 68 30 00, www.parisinfo.com

Issy-les-Moulineaux (92130)
• **Nombreux hébergements**, se renseigner à l'OT : 01 41 23 87 00

Meudon (92190)
• **Hôtel** *Ibis Budget*, 3 bis rue de Paris, 08 92 70 20 43

Chaville (92370)
• **Hôtel-restaurant** *Campanile*, 885 avenue Roger-Salengro, 01 47 50 63 00

Vaucresson (92420)
• **Chambres d'hôtes** *Les Bouvreuils*, 16 avenue Théry, 01 47 41 64 90 ou 06 63 00 74 35

INFOS PRATIQUES

LISTE DES HÉBERGEMENTS

Bougival (78380)
- **Hôtels****, se renseigner auprès de l'OT : 01 39 69 21 23, www.tourisme-bougival.com
- **Chambres d'hôtes**, Marie-Dominique et Jean-Pierre Pilard, 7 rue de la Butte-de-la-Celle, en bordure du bois de la Celle à 1 km hors GR®, 01 39 69 03 93 ou 06 87 80 38 44, jppilard@free.fr, http://la-vasconia.com/index.htm

Saint-Germain-en-Laye (78100), hors GR® à 1,4 km
- **Hôtels**, se renseigner auprès de l'OT : 01 30 87 20 63, www.saintgermainenlaye.fr
- **Chambres d'hôtes** *La Feuillantine*, 10 rue Louviers, 01 34 51 04 24, www.lafeuillantine.com

Sartrouville (78500)
- **Hôtels**, se renseigner auprès de la mairie : 01 30 86 39 00
- **Chambres d'hôtes**, M. et Mme Wolff Maryvonne et Pierre, 29 bis avenue Hortense-Foubert, 01 39 68 14 27 ou 06 77 52 49 37, pierre.wolff@dbmail.com

Conflans-Sainte-Honorine (78700)
- **Plusieurs hôtels**, se renseigner auprès de l'OT : 01 34 90 99 09
- **Chambres d'hôtes**, Cath Barrio, 3 rue de Jouvence, 06 38 40 35 84

Andrésy (78570)
- **Chambres d'hôtes**, 59bis rue du Général-Leclerc, 01 39 27 02 14 ou 06 20 78 24 68

Chanteloup-les-Vignes (78570)
- *Lemon hôtel*, rue d'Andrésy, 01 39 72 42 30

Triel-sur-Seine (78510)
- **Camping Île du Roi**, chemin de Médan, rive gauche, 01 39 75 87 88, campingileduroi@sfr.fr, www.campingileduroi.fr

Vaux-sur-Seine (78740)
- **Chambres d'hôtes**, Françoise et Jean Bulot, 30 chemin des Valences, 01 34 74 84 91, 06 07 04 31 59, http://la-cascade.monsite-orange.fr/
- **Camping** *Le Radar*, chemin du Moulin-à-Vent

Meulan (78250), hors GR® à 2,8 km
- **Hôtel**** *du Fort*, 20 rue du Fort, 01 30 04 18 80, contact@hoteldufort.fr, www.hoteldufort.fr

Mantes-la-Jolie (78200), par GR® 11 à 6 km
- **Hôtel** *Le Val de Seine*, rue Marcel-Tabu, 01 30 33 03 70, www.hotelduvaldeseine.fr
- **Hôtel** *Le Sporting*, 13 place du Marché-au-Blé, 01 30 94 36 54, www.lesportingdemantes.com
- **Hôtel** *Le Terminal*, 14 place du 8-Mai-1945, 01 30 33 11 43
- **Hôtel** *Laudi*, 11 place de la République, 08 99 10 24 13
- **Hôtel** *S.E.R.H.R*, rue Sainte-Claire-Deville, 08 99 10 47 06
- **Hôtel** *L. Semaïl*, 4 rue Armand-Cassan, 01 34 77 06 26

Vétheuil (95510)
- **Gîte de groupe** *Le gîte de Vétheuil*, 17 place de l'Église, 15 places, 01 34 78 13 18 (mairie), www.marie-vetheuil.fr

La Roche-Guyon (95780)
- **Gîte d'étape**, 19 lits, 01 34 79 72 67 ou 07 60 61 30 11
- **Hôtel** *Les bords de Seine*, 21 rue du Docteur-Duval, 01 30 98 32 52
- **Chambres d'hôtes** *Les Damiers*, Jacky Buffet, 3 route de Gasny, 5 chambres, 01 34 79 75 10 ou 06 10 14 94 25
- **Chambre d'hôtes** *Le Logis du Château*, 14 rue du Général-Leclerc, 06 98 70 58 77 ou 06 31 22 79 46, lelogisduchateau@orange.fr

Bennecourt (78270), sur accès Bonnières
- **Chambres d'hôtes**, Alain Foucher, 6 rue du Temple, 06 86 40 24 01 ou 01 71 48 25 09, http://havredebennecourt.jimdo.com/

Giverny (27620)
- **Hôtel****-restaurant *La Musardière*, 123 rue Claude-Monet, 02 32 21 03 18, www.lamusardiere.fr
- **Hôtel** *Le Jardin des Plumes*, 1 rue du Milieu, 02 32 54 26 35, www.lejardindesplumes.fr
- **Nombreuses chambres d'hôtes**, s'adres-

INFOS PRATIQUES

ser à l'OT : 02 32 64 45 01, liste sur www.giverny.fr

Vernon (27200)
• **Auberge de jeunesse**, 28 avenue de l'Ile-de-France, 02 32 51 66 48, aj-vernon@cape27.fr
• **Hôtel** *Normandy****, 1 avenue Pierre-Mendès-France, 02 32 51 97 97, www.le-normandy.net
• **Hôtel** *d'Évreux Le Relais Normand***, 11 place d'Évreux, 02 32 21 16 12
• **Nombreuses chambres d'hôtes**, se renseigner auprès de l'OT des Portes de l'Eure, 02 32 51 39 60, www.cape-tourisme.fr

SUR LA VARIANTE MELUN-SUD

Bois-le-Roi (77590)
• **Hôtel** *Le Pavillon Royal*, 40 avenue Galliéni, 01 64 10 41 00, http://perso.wanadoo.fr/hotel.lepavillonroyal
• **Chambres d'hôtes** *Le Clos Fleuri*, 06 20 52 72 67
• **Chambre d'hôtes** *La Bacotterie*, 06 71 63 98 46
• **Camping, gîte d'étape** *de la Base Régionale de Loisirs*, rue du Tournezy (à 800 m, à l'est du barrage), 01 64 81 33 16, boisleroi.cial@ucpa.asso.fr, www.ucpa-boisleroi.com

Melun (77000), hors variante à 1,5 km
• **Chambres d'hôtes** *La Closerie des Trois-Marottes*, 13 bis rue Louviot, 06 61 13 22 19
• **Modern Hôtel**, 2 quai Maréchal Joffre, 77000 Melun tél : 01 64 37 17 82
• **Hôtel** *Ibis Melun*, 81 avenue de Meaux (ZUP de l'Almont), 01 60 68 42 45
• **Hôtel-restaurant** *Le Grand Monarque*, 870 avenue du Général Leclerc (RN 6), La Rochette, 01 64 39 04 40
• **Camping** *La Belle-Étoile*, 64 bis quai du Maréchal-Joffre, 01 64 39 48 12, www.campinglabelleetoile.com

Ponthierry (Saint-Fargeau – Ponthierry, 77310)
• **Hôtel** *Apollonia*, 27 rue de la Saussaie, site industriel Leroy, Ponthierry, 01 60 65 65 35
• **Hôtel** *L'Auberge Everhôtel*, hors GR®, ZAC de l'Europe, rue du Luxembourg, près de la D 607, Ponthierry, 01 64 10 25 50, www.hotel-stfargeau.fr

Saint-Fargeau (Saint-Fargeau – Ponthierry, 77310)
• **Hôtel** *Auberge de la Tour de Nesle*, 1856 chemin de halage, Saint-Fargeau, 01 64 09 93 13
• **Chambres d'hôtes** *La Fargette*, 264 avenue de la Gare, deux chambres, Saint-Fargeau, 06 72 22 21 53

Le Coudray-Montceaux (91830)
• **Hôtel**** *La Rotisserie*, 2 rue Panhard, 01 64 93 85 36

Des topo-guides® écologiques

L'orchidée qui fleurit sur nos chemins est fragile, puisqu'une espèce sur six est menacée de disparition. Soucieuse de cette nature à préserver, quoi de plus naturel pour la **FFRandonnée** que de s'inscrire dans une démarche de **développement durable** ? Ainsi, tous nos imprimeurs partenaires bénéficient des certifications Imprim'vert et PEFC®, garantie d'une production écologiquement contrôlée des topo-guides® (gestion des déchets par récupérateurs agréés, recyclage, utilisation d'encres à pigments non toxiques, aucun rejet en réseaux d'évacuation publics…).

Le papier utilisé est par ailleurs lui-même certifié, attestant qu'il provient systématiquement de bois issu de forêts gérées durablement.

INFOS PRATIQUES

Adresses utiles

Randonnée

Pour adhérer à une association de randonneurs et entretenir les sentiers ou pour obtenir des informations sur les sentiers.

- Centre d'information de la FFRandonnée, 64, rue du Dessous-des-Berges, 75013 Paris, 01 44 89 93 93, info@ffrandonnee.fr, www.ffrandonnee.fr
- Comité régional de la randonnée pédestre d'Ile-de-France, 01 48 01 81 51, http://idf.ffrandonnee.fr
- Comité départemental de la randonnée pédestre de Seine-et-Marne, 01 60 71 91 16, http://seine-et-marne.jimdo.com
- Comité départemental de la randonnée pédestre de l'Essonne, 01 69 20 48 31, www.cdrp91.com
- Comité départemental de la randonnée pédestre du Val-de-Marne, 01 45 95 07 93, www.rando-valdemarne.fr
- Comité départemental de la randonnée pédestre des Hauts-de-Seine, 01 41 08 05 21, rando92.fr
- Comité départemental de la randonnée pédestre de Paris, 01 46 36 95 70, www.rando-paris.org
- Comité départemental de la randonnée pédestre des Yvelines, 01 30 51 94 65, www.coderando78.asso.fr
- Comité départemental de la randonnée pédestre du Val d'Oise, 01 30 35 81 82, www.cdrp95.com
- Comité départemental de la randonnée pédestre de Seine-Saint-Denis, 01 48 54 00 19, http://randopedestre93.fr
- Comité départemental de la randonnée pédestre de l'Eure, www.cdrp27.com

Tourisme

- Comité régional du tourisme Paris-Île-de-France, www.visitparisregion.com.
- Val d'Oise Tourisme, 01 71 28 48 02, www.valdoise-tourisme.com
- Office du tourisme et des congrès de Paris, 01 49 52 42 63, www.parisinfo.com
- Comité départemental du tourisme de Seine-Saint-Denis, 01 49 15 98 98, www.tourisme93.com
- Comité départemental du tourisme des Hauts-de-Seine, 01 46 93 92 92, www.tourisme92.com.
- Comité départemental du tourisme des Yvelines, 01 39 07 71 22, www.tourisme.yvelines.fr.
- Comité départemental du tourisme de l'Essonne, 01 64 97 35 13, www.tourisme-essonne.com
- Comité départemental du tourisme du Val-de-Marne, 01 55 09 16 20, www.tourisme-valdemarne.com
- Comité départemental du tourisme de Seine-et-Marne, 01 60 39 60 39, www.tourisme77.fr
- Comité départemental du tourisme de l'Eure, 02 32 62 04 27, www.eure-tourisme.fr/

Offices de tourisme et Syndicats d'initiative

- Office du Tourisme et des congrès de Paris, 01 49 52 42 63 ou 08 92 68 30 00, www.parisinfo.com
- OT des Deux Fleuves, Montereau-Fault-Yonne, 01 64 32 07 76, www.cc2f.fr
- OT de Melun, 01 64 52 64 52, www.ville-melun.fr.
- OT de Saint-Fargeau-Ponthierry, 01 60 65 20 49, www.saint-fargeau-ponthierry.fr/office-de-tourisme.
- OT Seine-Essonne à Corbeil-Essonnes, 01 64 96 23 97, www.office-tourisme-essonne.com
- Point relais tourisme de Viry-Châtillon, 01 69 21 92 89, www.viry-chatillon.fr/fr/
- OT de Choisy-le-Roi, 01 48 84 01 91, www.otsi-choisy.blogspot.fr/
- Organisation municipale de Tourisme de Créteil, 01 48 99 88 47, www.omt-creteil.fr/accueil.php
- Point d'Information Loisirs et Animation de Saint-Maur, 01 43 97 20 20, www.saint-maur.com
- Office municipal de Tourisme de Joinville-le-Pont, 01 49 76 60 15,

INFOS PRATIQUES

- www.ville-joinville-le-pont.fr
- **OT d'Issy-les-Moulineaux**, 01 41 23 87 00, www.issytourisme.com
- **OT de Rueil-Malmaison**, 01 47 32 35 75, www.rueil-tourisme.com
- **OT de Maisons-Laffitte**, 01 39 62 63 64, www.tourisme-maisonslaffitte.fr
- **OT de Bougival**, 01 39 69 21 23, www.tourisme-bougival.com
- **OT de Mantes-la-Jolie**, 01 34 77 10 30, www.manteslajolie.fr
- **OT de Saint-Germain-en Laye**, 01 30 87 20 63, www.ot-saintgermainenlaye.fr
- **OT de Conflans-Sainte-Honorine**, 01 34 90 99 09, www.conflans-tourisme.com
- **OT des Portes de l'Eure à Vernon-Giverny**, 02 32 51 39 60, www.cape-tourisme.fr
- **OT du Pays des Impressionnistes**, 01 30 61 61 35
- **OT de Poissy**, 01 30 74 60 65
- **SI de Cormeilles-en-Parisis**, 01 39 97 84 58, www.tourisme-cormeilles95.com
- **Maison du tourisme Normandie Giverny**, 02 32 64 45 01

Divers

- **Les Gîtes de France**, www.gites-de-france.com/location-vacances-Ile-de-France.html.
- **Clevacances**, www.clevacances-paris-idf.com/
- **Chambres d'hôtes** : www.chambresdhotes.org

LA DÉFENSE DEPUIS LA PASSERELLE DE L'AVRE / PHOTO J.-F.S.

INFOS PRATIQUES

LA FFRandonnée AUJOURD'HUI

La Fédération française de la randonnée pédestre, c'est près de 205 000 adhérents, 3 350 associations affiliées, 180 000 km de sentiers balisés GR® et PR®, 120 comités régionaux et départementaux, 20 000 bénévoles, animateurs et baliseurs, 270 topo-guides, un magazine de randonnée *Passion Rando* et un site Internet : www.ffrandonnee.fr.

Passion Rando, le magazine des randonneurs

Passion Rando apporte aux amoureux de la randonnée et d'authenticité toutes les pistes de découverte des régions de France et à l'étranger, les propositions d'itinéraires, d'hébergements et des bonnes adresses.

En valorisant les actions locales d'engagement pour la défense de l'environnement et d'entretien des sentiers, *Passion Rando* porte un message sur le développement durable, la préservation de la nature et du réseau d'itinéraires de randonnée pédestre.

Abonnez-vous sur www.ffrandonnee.fr

Des sentiers balisés à travers toute la France

PassionRando
LE MAGAZINE DES PASSIONNÉS DE LA RANDO

PARTEZ TRANQUILLE AVEC LA RandoCarte®
4 atouts au service des randonneurs

- Une assurance spéciale « randonnée »
- Une assistance 24/24 h et 7/7 jours en France comme à l'étranger
- Des avantages quotidiens pour vous et vos proches
- Un soutien à l'action de la Fédération française de la randonnée pédestre et aux bénévoles qui entretiennent vos sentiers de Grande Randonnée et de Promenades et Randonnées

Vous aimez la randonnée

Depuis plus d'un demi-siècle, la Fédération vous propose une assurance, adaptée et performante dont profitent déjà près de 205 000 passionnés. Faites confiance à la RandoCarte® : elle vous est conseillée par des spécialistes du terrain, passionnés de randonnée...
Une fois encore, ils vous montrent le chemin !

La Seine,
un patrimoine en eau exceptionnel et précieux pour les franciliens

La région Île-de-France dispose d'un patrimoine en eau exceptionnel et précieux.
La Seine est un trait d'union des territoires et de la population d'Île-de-France. Elle traverse chacun de ses départements.

L'Île-de-France, large dans son axe Nord-Sud de 100 km est parcourue par la Seine sur une longueur totale de 253 km, entre Villiers-sur-Seine et Port-Villez. Avec ses affluents, l'Oise et la Marne, elle offre 1200 km de berges.
Ainsi 245 communes sont directement arrosées par la Seine, la Marne et l'Oise.

Ce Topoguide® vous emmène de Montereau-Fault-Yonne à Vernon

www.iledefrance.fr

Découvrir
la Seine à pied en Île-de-France

PHOTOS DE GAUCHE À DROITE : CYGNES / PHOTO M.-F.D. ; PONT DE LIMAY / PHOTO J.-P.J. ; RAGONDIN / PHOTO M.-F.D.

La région Île-de-France est la région la plus peuplée avec 12 millions d'habitants sur huit départements, soit 18% de la population française. Sa surface est de 12 000 km² et le département de Seine-et-Marne occupe près de la moitié de cette surface.
La Seine traverse l'Île-de-France et ses affluents forment un réseau fluvial qui draine le bassin parisien. Ce réseau a favorisé les liaisons au cœur du bassin et a permis ainsi le développement de la région. Au fil du temps, la région s'est enrichie grâce aux transports fluviaux et à la création de canaux.

Pour les mariniers, la Seine se décompose en trois tronçons :
1- La Haute-Seine de Montereau-Fault-Yonne à Paris.
2- La Seine parisienne dans Paris.
3- La Basse-Seine de Paris à Rouen.

De Montereau-Fault-Yonne à Tancarville, la navigation se fait dans le lit naturel de la Seine. La navigation est régie par Voies Navigables de France jusqu'au pont Boieldieu à Rouen. Les installations portuaires en Île-de-France relèvent du Port Autonome de Paris, premier port fluvial français. Le trafic de marchandises se situe à Limay (Yvelines) et Gennevilliers (Hauts-de-Seine). À Paris existe aussi un trafic de voyageurs, principalement touristique (bateaux-mouches), et des navettes quotidiennes *(Batobus)*. Les

VUE AÉRIENNE SUR LE CONFLUENT SEINE-YONNE / PHOTO CC2F

sources de la Seine sont situées sur le plateau de Langres dans la commune de Source-Seine à une altitude de 446 mètres. Les sources sont la propriété de la Ville de Paris depuis 1864 et une grotte artificielle en abrite la source principale.

PÉNICHES HALÉES / PHOTO DROITS RÉSERVÉS

Les **principaux affluents**

Depuis Montereau-Fault-Yonne et jusqu'à La Roche-Guyon, plusieurs rivières se jettent dans la Seine :

- l'Yonne au niveau de Montereau-Fault-Yonne ;
- le Loing et son canal à Saint-Mammès. Le canal du Loing, long de 49,4 km relie Saint-Mammès à Montargis avec 19 écluses ;
- l'Essonne à Corbeil-Essonnes ;
- l'Orge à Athis-Mons ;
- l'Yerres à Villeneuve-Saint-Georges ;
- la Marne à Alfortville ;
- la Bièvre, canalisée et souterraine, au niveau du pont d'Austerlitz ;
- l'Oise à Conflans-Sainte-Honorine, capitale de la batellerie.

Le canal de l'Ourcq, destiné à alimenter en eau Paris, arrive au bassin de la Villette. C'est le point le plus haut, d'où la ligne de partage des eaux entre :

- Le canal Saint-Martin qui débouche sur le port de l'Arsenal, véritable havre de paix au pied de la Bastille ;
- et le canal Saint-Denis qui passe par Aubervilliers, puis Saint-Denis en longeant le stade de France, puis se jette dans la Seine en face l'Île Saint-Denis.

CANAL DE L'OURCQ ET CANAL SAINT-MARTIN / PHOTOS J.-P.J.

Le **risque** d'une **crue**

CRUE DE 1910, AU PONT DE L'ALMA / PHOTO DR

Depuis la crue centennale de 1910, Paris n'a pas été inondé. Elle reste sous surveillance. De nombreux ouvrages en amont ont été construits pour réguler le niveau de la Seine.
Quatre grands lacs-réservoirs ont été créés entre 1960 et 1990 sur la Seine (lac d'Orient), la Marne (lac du Der-Chantecoq), l'Aube (lac d'Amance et lac d'Auzon-Temple) et l'Yonne (lac de Pannecière). Ces lacs constituent une réserve de 800 millions de mètres cubes et permettent à la fois d'écrêter les crues et d'assurer un débit minimum d'étiage.
Une nouvelle crue à Paris entraînerait des dégâts très importants. Une étude a évalué qu'une inondation majeure de la Seine pourrait affecter 5 millions de citoyens de la métropole francilienne et causer 30 milliards d'euros de dommages directs. La croissance, l'emploi et les finances publiques seraient fortement affectés.

L'**aménagement** des **berges de Seine**

AMÉNAGEMENT DU BORD DE SEINE / PHOTO P.G.

Au fil du temps, les berges de Seine ont été souvent privatisées par des riverains, des zones industrielles, des routes, ou laissées en friche simplement. Aujourd'hui chaque département riverain de la Seine cherche à reconquérir les berges pour les réaménager et les rendre au public.
Les services de l'État, la région Île-de-France et les départements riverains ont établi de nombreux plans d'aménagement sur plusieurs années.
Le plan Seine, lancé en 2005, se compose d'une cinquantaine d'actions concrètes selon quatre enjeux stratégiques :
1 - réduire les effets d'une crue majeure sur la Seine,
2 - améliorer la qualité des eaux du fleuve et de ses affluents,
3 - préserver et restaurer les milieux et la biodiversité des grands cours d'eau du bassin,
4 - intégrer l'ensemble des usages et fonctions du fleuve dans un projet de développement durable.
Le but est d'offrir une continuité piétonne par une reconquête des berges privatisées, de reconsolider les berges si besoin, de rationaliser l'accès aux péniches logements, d'aménager des ouvertures visuelles sur le fleuve, de favoriser et renforcer la biodiversité en récréant des habitats sur les bords des cours d'eau.

La **Seine** et les **peintres**

La Seine a inspiré de nombreux peintres, par exemple :
- Alfred Sisley commence à peindre les environs de Paris, notamment dans les bois de La Celle-Saint-Cloud.
- Claude Monet séjourne successivement à Paris, Argenteuil, Vétheuil, puis Giverny où il s'installe définitivement.
- Gustave Caillebotte, est à la fois peintre, collectionneur, mécène et organisateur des expositions impressionnistes.
- Jean-Baptiste Camille Corot, peintre et graveur français, commence à exercer ses talents à Ville-d'Avray.

Le GR® 2 passe devant ou à proximité de nombreuses demeures ou ateliers d'artistes.

MAISON FOURNAISE VUE DE RUEIL / PHOTO J.-F.S.

L'**architecture fluviale**

La Seine a aussi inspiré de nombreux architectes dans la réalisation d'ouvrages historiques ou plus récents.
Les ponts et les passerelles sur la Seine à Paris sont au nombre de 37.
Le plus ancien pont est le Pont-Neuf, pont en pierres sans maisons achevé en 1607.
Le premier pont au Change, ou aux Chargeurs, date de 1141 avec des maisons. Démoli puis reconstruit plusieurs fois le pont actuel date de 1856.
Le pont Notre-Dame a été construit en bois en 1412 avec des maisons, puis reconstruit en pierre en 1507 et modifié en 1853 dans sa forme actuelle.
Le plus moderne est certainement le pont Charles-de-Gaulle édifié en 1993-1996.

La dernière passerelle construite est celle de Simone de Beauvoir inaugurée en juillet 2006. Sa structure en acier laminé moulé est constituée de deux courbes qui se croisent.

En longeant le fleuve, les randonneurs rencontreront de très nombreux édifices, plus ou moins anciens (moulins, beffrois, etc.).

PONT DES ARTS / PHOTO J.-P.J.

FFRandonnée
les chemins, une richesse partagée

Ile-de-France
idf.ffrandonnee.fr

Le comité régional en marche pour le développement...

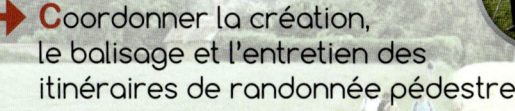

→ **C**oordonner la création, le balisage et l'entretien des itinéraires de randonnée pédestre

→ **R**eprésenter la Fédération auprés des administrations et collectivités térritoriales régionales

→ **R**approcher et assurer les relations avec les huit comités départementaux d'Ile-de-France

→ **P**roduire et éditer des Topo-guides®

→ **I**nformer et encourager les actions en faveur du développement durable, de la protection de la nature et du patrimoine, en lien avec le réseau Suric@te

→ **D**évelopper et promouvoir la randonnée pédestre sur le territoir francilien

→ **F**ormer les baliseurs-aménageurs-collecteurs, les animateurs et les dirigeants associatifs

"La force de notre comité et de son équipe, ce sont ses valeurs et le sens donné à nos missions."

Jean-Michel Grossard
Président CRRP IdF

FFRandonnée
les chemins, une richesse partagée

Ile-de-France
idf.ffrandonnee.fr

L'Île-de-France au cœur de la nature et du patrimoine

Itinéraires urbains ruraux

Formations randonneurs animateurs

Développement pratiques événements

îledeFrance
www.iledefrance.fr

HAROPA - Ports de Paris
vous ouvre la voie

LE SAVIEZ-VOUS ?

40 ports franciliens se trouvent sur ce chemin de Grande Randonnée.
100 kilomètres de berges sont entretenus au quotidien en Ile-de-France par HAROPA-Ports de Paris.

APRÈS L'EFFORT

Découvrez la Seine autrement, laissez-vous bercer par les flots ! Croisières à thème (peintres, histoire de Paris, industrielles…), dîner-croisière au coucher de soleil, longue croisière de Paris à Honfleur, toutes les formules sont à découvrir !

www.loisirs-en-seine.com

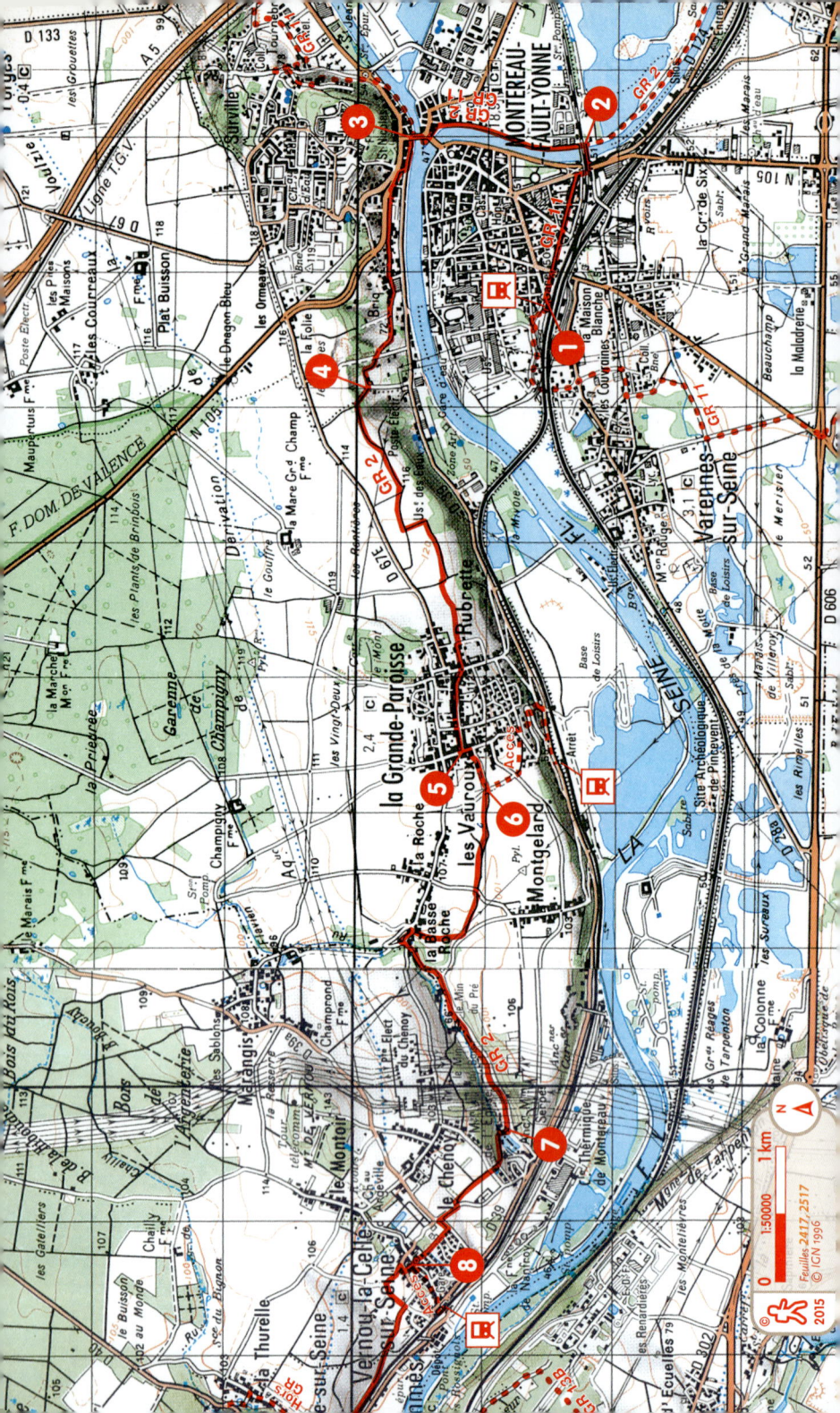

Le sentier GR® 2
De Montereau-Fault-Yonne à Vernon

GR® | **2**

| De Montereau-Fault-Yonne au pont de Seine | 2,7 km | 40 min |

À Montereau-Fault-Yonne >

👁 **> Musée de la Faïence, hospice de la Charité, collégiale Notre-Dame-et-Saint-Loup** XIIe-XVIe, **prieuré Saint-Martin** Xe-XIe.

❶ De la gare [> jonction avec le GR® 11], prendre à droite la rue Léo-Lagrange jusqu'au rond-point. Le traverser et, avant le pont ferroviaire, monter par le chemin à gauche. Franchir l'Yonne et descendre l'escalier [> jonction avec le GR® 2 qui arrive à droite de Sens].

❷ Continuer en face, passer sous deux ponts routiers et arriver au confluent de l'Yonne et de la Seine. Remonter le long du fleuve vers la statue de Napoléon et franchir le pont de Seine à gauche.

| Du pont de Seine à La Grande-Paroisse | 5,6 km | 1 h 25 |

❸ Prendre à gauche la D 39 [> séparation du GR® 11 qui part à droite]. Après l'arrêt de bus, monter à droite par la rue du Bac, continuer à gauche par la D 605 puis par la rue du Bateau. Elle devient un chemin puis un sentier qui aboutit sur une sente pentue.

❹ Grimper à droite, virer à gauche et continuer par le chemin en bordure du plateau. En vue des maisons de La Grande-Paroisse, tourner à gauche. Le chemin oblique à droite en lisière du bois. Effectuer un droite-gauche et parcourir le chemin herbeux qui mène au village. Prendre la rue à droite. Elle vire à gauche. Poursuivre en face par la rue Grande.

❺ Au T, prendre la rue à gauche sur 75 m, puis celle à droite. Elle débouche sur une route près du stade [> accès pour la gare décrit en sens inverse].

| De La Grande-Paroisse à Vernou-La-Celle-sur-Seine | 4,8 km | 1 h 10 |

À La Grande-Paroisse >

Accès > depuis la gare de la Grande-Paroisse 1,4 km 20 min
De la gare, emprunter à droite la D 39, le cimetière passé, le contourner [👁 > **église Saint-Germain** XIe] et gravir la sente bétonnée coupant deux fois la route. Suivre à gauche le chemin de terre puis prendre la route à gauche, le chemin en face et la route dans le prolongement jusqu'à la bifurcation près du stade.

❻ Traverser la route et prendre le chemin de droite. Après un gauche-droite sur la route, longer à droite la route sur 30 m, puis continuer à droite par le chemin. Dans La Basse-Roche, tourner deux fois à gauche pour suivre la route de la Vallée-des-Moulins.

❼ Partir à droite au niveau du moulin de l'Église et, en haut, continuer tout droit. Au rond-point, tourner à gauche puis à droite pour gagner l'**église** [XIIIe-XVIe] **de Vernou** [> accès pour la gare décrit en sens inverse].

Accès > depuis la gare de Vernou-La-Celle-sur-Seine 600 m 10 min
Prendre à gauche en sortant de la gare puis à droite jusqu'à l'église.

GASTRONOMIE
LES FROMAGES DE BRIE

BRIE DE MONTEREAU / PHOTO CC2F

Il existe plusieurs variétés de fromages de Brie fabriqués de façon artisanale.
Les bries de Melun et de Meaux sont les deux plus réputés. Ils bénéficient du label A.O.C. depuis les années 1980. Ce label, Appellation d'Origine Contrôlée, est gage du respect des critères de production (matière première, processus et zone de fabrication).
Le brie de Montereau, de la même taille que celui de Melun, s'apparente au Coulommiers par le goût.
Quant au brie de Nangis, sa saveur est légèrement plus accentuée que celle de Meaux.

Comme quelques autres fromages de terroir, ceux de Brie existaient certainement bien avant l'invasion romaine de la Gaule.
Des comptes manuscrits de commerçants d'une foire de Champagne, à Provins, et datant du XIIIe siècle, en attestent aussi l'historique.
Ils sont à base de lait cru de vache, à pâte molle non pressée, et à croûte fleurie.
Leur croûte est fine, d'un blanc duveteux et parsemée de taches orange plus ou moins grandes et accentuées selon l'origine et l'âge.
D'une teneur en matière grasse de 45 % (sur extrait sec), leur affinage s'étend sur 4 à 10 semaines.

BRIE DE MONTEREAU / PHOTO CC2F

FAUNE ET FLORE
La réserve naturelle de la colline Saint-Martin et des Rougeaux

La réserve naturelle de la colline Saint Martin et des Rougeaux se situe entre la vallée de la Seine et les rebords du plateau de la Brie. En plein cœur de ville, c'est le parcours de randonnée idéal pour découvrir la faune et la flore locales en vous laissant charmer par les magnifiques points de vues sur les paysages alentour, notamment la confluence de l'Yonne et de la Seine.

Véritable îlot de nature, le site a hérité au fil du temps d'une formidable diversité d'êtres vivants qui contribuent à son caractère exceptionnel. La mosaïque de milieux que l'on y retrouve, garante d'une richesse écologique et paysagère, est le fruit d'une histoire humaine qui, par ses activités et ses aménagements, a fortement contribué à la diversification de son patrimoine naturel. Aux pelouses calcicoles et autres prairies de fauche autrefois « entretenues » par des pratiques de pâturage, viennent donc s'ajouter différents milieux boisés, arbustifs, ou encore bâtis, qui abritent des espèces rares et protégées.

En effet, la réserve abrite plus de 450 végétaux, dont certains, comme l'orchis bouffon ou le pastel des teinturiers sont extrêmement rares. Ce dernier, reconnaissable à ses fleurs jaunes en grappe, était autrefois cultivé afin d'en extraire une teinture bleue. Avec l'apparition des teintures chimiques, il a aujourd'hui fortement régressé. Il subsiste aujourd'hui sur les prairies de Saint-Martin.

Par ailleurs, des centaines d'insectes profitent de cette diversité floristique pour se nourrir, se reproduire, ou se réfugier.

Toute cette vie attire aussi des prédateurs : les chauves-souris réalisent des prouesses aériennes afin de capturer des insectes volants, ou encore les oiseaux, comme le pic noir, martèlent les vieux arbres à la recherche de larves d'insectes. Ainsi, la Réserve naturelle de la colline Saint-Martin et des Rougeaux regorge de curiosités de la nature offertes aux yeux et aux oreilles de l'observateur. Il lui faudra cependant faire preuve de patience, mais aussi de respect, afin d'en découvrir les autres richesses.

Coquerets au pied du prieuré Saint-Martin / photo M.-P.D.

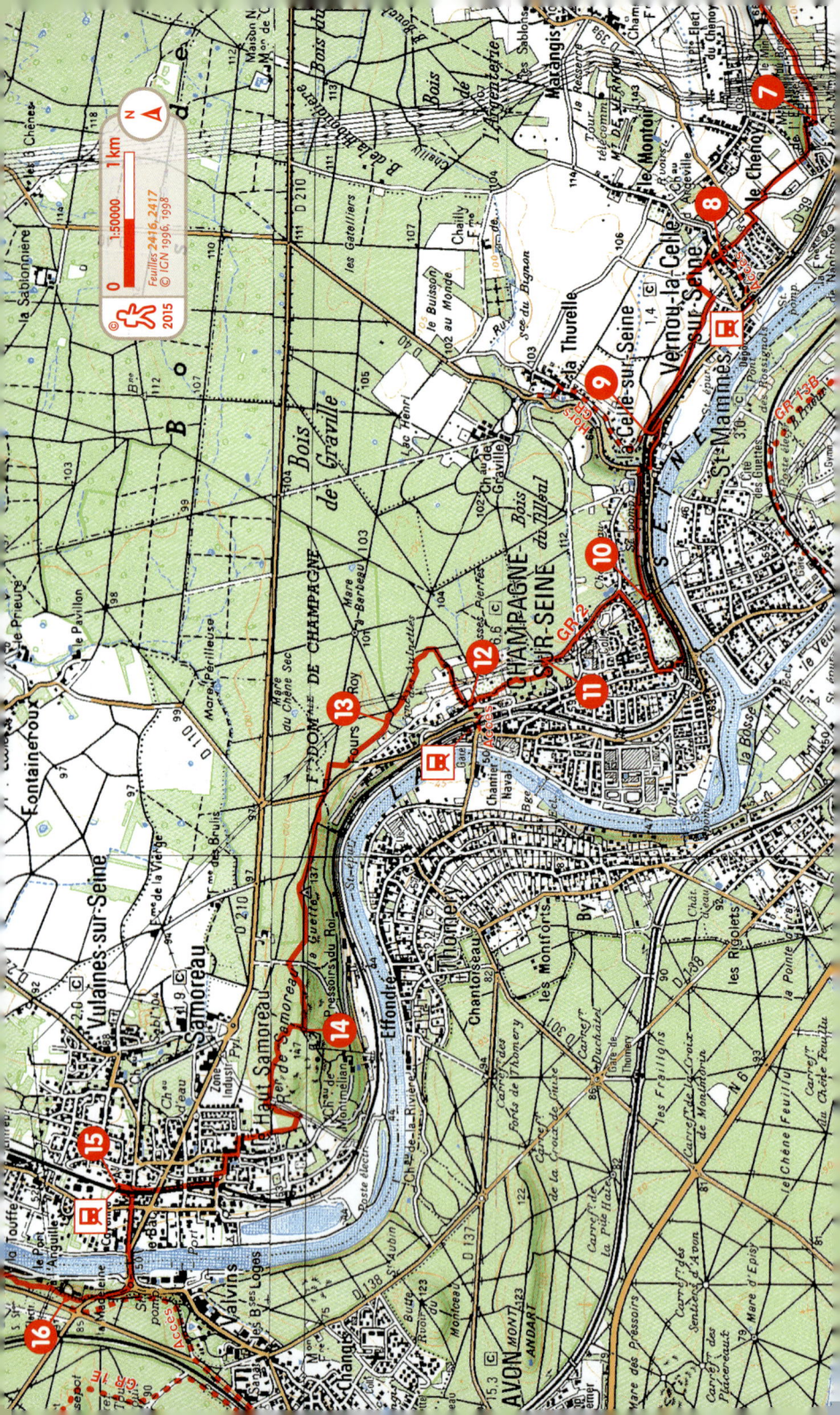

De Vernou-La-Celle-sur-Seine aux Grouettes — 1,6 km — 25 min

À Vernou-La-Celle-sur-Seine >

8 Prendre la ruelle de l'Église en face, la rue à gauche puis celle à droite. Passer la croix, continuer tout droit et longer le cimetière [👁 > site géologique et archéologique du Tuf de la Celle]. Poursuivre jusqu'à la bifurcation.

Des Grouettes à Champagne-sur-Seine — 4,6 km — 1 h 10

Hors GR® > pour le château de Graville — 1,7 km — 20 min
Voir tracé en tirets sur la carte.

9 Franchir à gauche la voie ferrée, emprunter la D 39 à droite puis la D 40 à droite et passer sous la voie ferrée. Gravir l'escalier à gauche, monter par la route sur 200 m et suivre le large chemin en face.

👁 > À gauche, vallée de la Seine et port de Saint-Mammès.

10 Descendre à gauche et continuer par le sentier en balcon. Au bout, prendre le chemin (rue) de la Garde-de-Dieu à droite [👁 > église orthodoxe 1938] et monter la rue des Mortuailles à droite. Aux châteaux d'eau, suivre la rue du Panorama à gauche. Elle se prolonge en chemin.

11 Tourner à gauche, passer sous la ligne électrique puis, après la barrière, s'engager sur le chemin à droite. Couper la route et continuer par le chemin herbeux sur 75 m jusqu'au carrefour de sentiers [> accès pour la gare décrit en sens inverse].

De Champagne-sur-Seine à la gare de Vulaines – Samoreau — 6,8 km — 1 h 40

À Champagne-sur-Seine >

👁 > Église Notre-Dame XIIe.

Accès > depuis la gare de Champagne-sur-Seine — 400 m — 10 min
De la gare, franchir le passage à niveau à gauche et prendre la rue de Sens à droite sur 45 m. Gravir à gauche l'escalier, le sentier puis le second escalier. Couper la rue des Poiriers et suivre le chemin en face [> jonction avec le GR® 2].

12 Prendre le sentier à droite, couper la route et entrer dans le bois. Franchir le ru, suivre le chemin à gauche sur 50 m, puis repartir à gauche et longer le ru. Emprunter le chemin à gauche sur 50 m.

13 Bifurquer à droite et suivre le second chemin à droite. Prendre la route forestière à gauche et couper la D 39 (⚠ > prudence). Au fond du parking, monter par la sente à gauche. Elle longe le mur du parc du château de Montmélian sur 1 km, coupe un chemin dans un petit talweg et revient le long du mur sur 250 m.

14 Choisir la sente de droite, puis rester à gauche. En bas du vallon, suivre la ligne à haute tension sur 300 m, tourner à droite et continuer tout droit vers le haut du village. Prendre la rue à gauche, la rue à droite, la rue à gauche [👁 > église Saint-Pierre XIIe de Samoreau et Grange aux Dîmes XIIIe en bas de la rue], la rue des Pas-Roches à droite, la venelle à gauche et le chemin en bordure de la voie ferrée à droite jusqu'à la gare de Vulaines – Samoreau.

GR® 2 • De Montereau-Fault-Yonne à Vernon • **33**

ENVIRONNEMENT
LE SABLE DE LA SEINE

Le cours de la Seine est jalonné de sites artificiels qui font dorénavant partie de son espace naturel : ce sont les vestiges d'anciennes gravières.

Ces carrières de granulats (sables et graviers) ont été abandonnées souvent pour raison économique : gisement épuisé ou devenu insuffisamment intéressant.

L'enjeu stratégique de l'exploitation de ces matériaux s'est avéré majeur pour notre civilisation depuis le XIXe siècle et l'apparition du ciment et du béton : habitat et voiries en dépendent. Dans le monde, le sable est le deuxième bien naturel consommé après l'eau.

Étant donné l'énormité des volumes concernés, la proximité entre lieu d'extraction et zone de consommation est un paramètre majeur dans le coût des produits. Ceci explique le nombre et la taille des sites d'exploitation en région parisienne. En Seine et Marne, les sites de la Bassée à l'est de Montereau sont les principaux fournisseurs de l'Île-de-France.

Les bassins noyés des gravières délaissées sont devenus des sites écologiques et/ou touristiques. Conquis par la nature ou transformés par l'homme, ils retrouvent une nouvelle destinée :
- aires d'intérêt environnemental, scientifique et touristique : zones humides, lieux de repos d'oiseaux migrateurs (tel le parc ornithologique du Carreau-Franc à Marolles-sur-Seine)...
- aires de détente : Réserves de pêche, sites de sports nautiques, bases de loisirs(Bois-le-Roi, Varennes-sur-Seine, La Grande-Paroisse, Saint-Fargeau-Ponthierry).

GRAVIÈRES DE LA BASSÉE / PHOTO EPTB – SEINE GRANDS LACS

ÉCONOMIE
COCHES D'EAU ET TRANSPORT FLUVIAL

Port de Saint-Mammès / photo MSL

Jusqu'au XIXe siècle, les grands cours d'eau sont les voies privilégiées de transport.
Les routes, des chemins peu carrossables, ne conviennent guère aux longs trajets. La traversée des villes et des villages est difficile, voire parfois impossible, du fait de l'étroitesse des rues. À ces inconvénients s'ajoute le brigandage qui accroît l'insécurité. L'Île-de-France bénéficie d'un grand réseau de rivières navigables.
Des services réguliers de coches d'eau s'organisent, dès 1178, à Melun. Ces bateaux tirés par un attelage transportent passagers et marchandises de port en port. Au rythme du pas des « halants », humains ou animaux, ils sont régulièrement arrêtés pour régler les péages ou passer les ponts qui coupent le chemin de halage.
Lors des séjours de la cour à Fontainebleau, le coche royale met 12 heures pour aller du pont de la Tournelle à Paris, au port de Valvins.

Une ligne régulière relie par la Seine la capitale aux villes en amont : Corbeil, Melun, Montereau, Sens et Auxerre.
De nombreuses marchandises sont ainsi acheminées. Le grès de Fontainebleau est expédié des ports de Valvins ou de Bois-le Roi pour la construction d'édifices et de voirie. L'exploitation de ce matériau s'est développée au XIIe siècle suite à la décision de Philippe Auguste de paver les rues de Paris pour les rendre plus praticables et surtout moins sales.
À partir du XVIIIe siècle, c'est le chasselas de Thomery qui s'ajoute au flux, partant du port d'Effondré, pour régaler les tables parisiennes.

Péniches halées / photo droits réservés

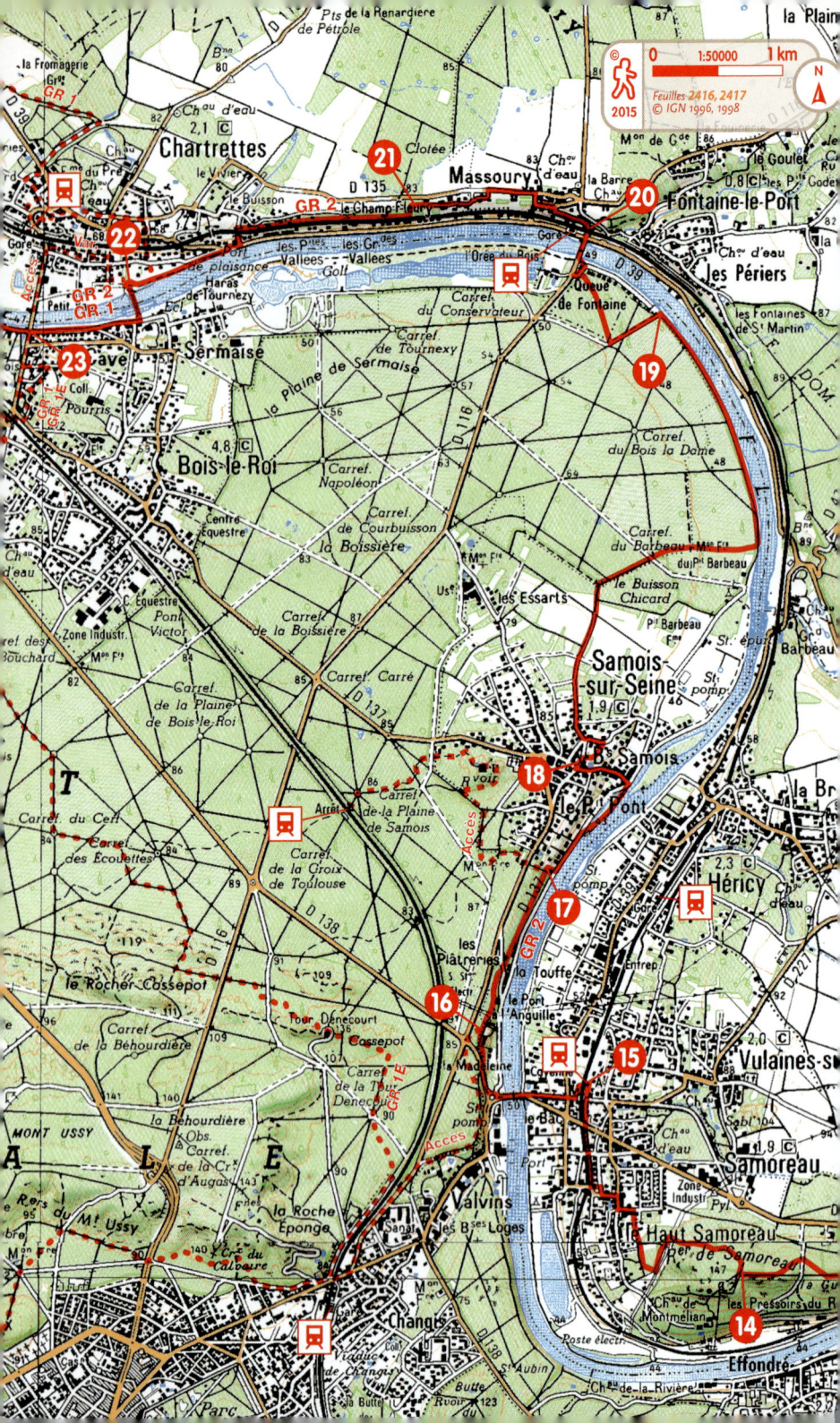

| De la gare de Vulaines – Samoreau à La Madeleine | 1,4 km | 20 min |

À Samoreau >
À Vulaines-sur-Seine >

15 Utiliser à gauche le souterrain, puis descendre la rue vers la Seine [> à droite, musée Stéphane Mallarmé]. Franchir le pont, monter le long de la D 138 (**> prudence**) et prendre le sentier à droite. Il longe la petite route sur 150 m. Dépasser le bâtiment à droite [> accès à Fontainebleau décrit en sens inverse].

| De La Madeleine à l'escalier de Samois | 1,3 km | 20 min |

Accès > depuis la gare de Fontainebleau-Avon 3 km 45 min

De la gare, monter l'escalier à droite, couper la D 117 et prendre la route Gaston-Bonnier. Passer sous la voie ferrée, croiser la D 137 et suivre la route Berthe à gauche sur 1 km. Gravir le sentier à gauche, la sente à droite et, au rond-point, traverser la D 138. Dévaler le sentier à droite [> jonction avec le GR® 2].

16 Rester à droite, traverser la route puis, tout droit, atteindre l'escalier.

| De l'escalier de Samois au centre de Samois | 1,4 km | 20 min |

Accès > depuis la halte SNCF en forêt 3,3 km 50 min (week-ends uniquement)
Suivre le sentier perpendiculaire à la voie. Il gagne le Rocher de Samois, contourne la maison forestière et va vers la Seine [> jonction avec le GR® 2].

17 Descendre l'escalier, longer la Seine à gauche et franchir la passerelle pour traverser l'île [> buste de Django Reinhardt]. Grimper à gauche la rue du Bas-Samois [> maison et festival Django Reinhardt le dernier week-end de juin].

| Du centre de Samois à Fontaine-le-Port | 6,3 km | 1 h 35 |

À Samois-sur-Seine >

18 Tourner à droite, passer l'église [XIIe-XIIIe], suivre la venelle à droite et gravir la rue à gauche. Prendre la rue à droite et, dans le virage, le chemin en face. Il traverse le bois, les champs et entre dans la forêt. Emprunter le chemin du Bornage à droite, puis longer la Seine à gauche sur 2 km.

19 Emprunter la route Victor à gauche, la route du Semeur à droite et, au bout, tourner à droite vers la Seine. Avant la route, suivre le sentier à droite vers le bord de Seine et emprunter à gauche l'escalier puis franchir la Seine [> gare à 100 m à gauche].

| De Fontaine-Le-Port à l'écluse de Chartrettes | 4,2 km | 1 h 05 |

À Fontaine-le-Port >

20 Franchir la voie ferrée, monter la D 116 sur 400 m. Avant le lavoir, prendre la rue des Grillons à gauche, la D 135 à gauche et la rue des Plantes à gauche. Aller à droite sur 700 m.

21 Dans le bois, dévaler à gauche le sentier et longer à droite la voie ferrée. Prendre la rue à gauche et la D 39 à droite sur 80 m avant de parcourir la berge [> jonction avec le GR® 1 qui arrive à droite] jusqu'à l'écluse.

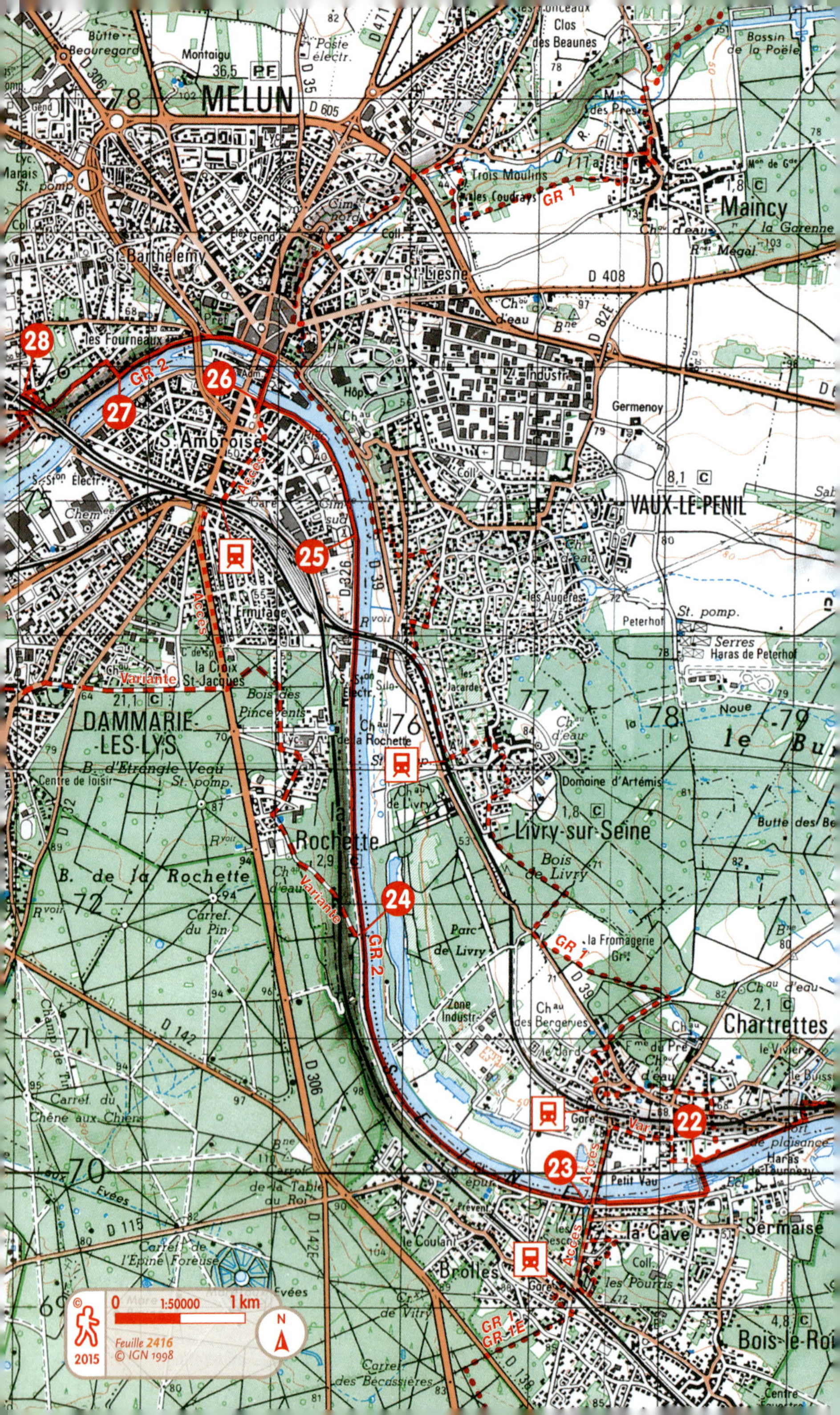
MELUN
Butte Beauregard
Montaigu
Poste électr.
Clos des Beaunes
Bassin de la Poële
Trois Moulins
les Coudrays
GR 1
Maincy
la Garenne
St Barthélemy
St Liesne
D 408
D 605
les Fourneaux
GR 2
Industr.
Germenoy
St Ambroise
Accès
VAUX-LE-PENIL
Ermitage
les Augères
Peterhof
Serres
Haras de Peterhof
Variante
La Croix St-Jacques
Bois des Pincevents
DAMMARIE-LES-LYS
Ch.au de la Rochette
B. d'Etrangle Veau
Centre de loisir
Domaine d'Artémis
Livry-sur-Seine
la Rochette
Bois de Livry
B. de la Rochette
Carref. du Pin
Parc de Livry
la Fromagerie
Chartrettes
Zone Industr.
Ch.au des Bergeries
Carref. du Chêne aux Chiens
Gare
Petit Vau
la Cave
Sermaise
Brolles
les Pourris
Bois-le-Roi
Carref. de la Table du Roi
Carref. de l'Epine Foreuse
des Bécassières
GR 1 GR 1E
D 306
D 39
D 142
D 115
22
23
24
25
26
27
28
0
1:50000
1 km
Feuille 2416
© IGN 1998
2015
N

Variante en cas de fermeture de la passerelle aux piétons `1,6 km` `25 min`
Poursuivre le long de la rive. Prendre la rue à droite puis la deuxième rue à gauche. Au rond-point, emprunter la D 115 à gauche, franchir le pont et rejoindre la berge à droite [> jonction avec le GR® 2].

De l'écluse de Chartrettes à Bois-le-Roi `1,2 km` `20 min`

À Chartrettes >

> Église XIIIe-XVIe, châteaux du Pré, du Buisson, de Rouillon XVIIe, des Vallées, des Bergeries XVIIIe et des Bagatelles XIXe.

22 Emprunter la passerelle de l'écluse, puis longer la Seine à droite [> base de loisirs () à gauche] jusqu'au pont de la D 115, à Bois-le-Roi [> accès aux gares décrits en sens inverse].

> Séparation du GR® 1 qui part à gauche.

De Bois-le-Roi à Melun `7,4 km` `1 h 50`

À Bois-le-Roi > (base de loisirs)

Accès > depuis la gare de Chartrettes `900 m` `15 min`
De la gare, descendre à droite par la D 115, franchir le pont sur la Seine et, à droite, gagner la berge [> jonction avec le GR® 2].

Accès > depuis la gare de Bois-le-Roi `900 m` `15 min`
Sortir de la gare, côté « rue des Sesçois » et descendre la rue. Prendre à gauche l'avenue Paul-Doumer et, juste avant le pont sur la Seine, gagner la berge à gauche [> jonction avec le GR® 2].

23 Après le pont, poursuivre sur la berge vers l'aval sur 3 km jusqu'à la bifurcation.

> Le long du fleuve, sur le coteau, succession de remarquables villas, résidences de villégiature construites à la Belle Époque et justement nommées les « Affolantes des Bords de Seine ».

> Départ à gauche de la Variante Melun-Sud du GR® 2 qui emprunte le chemin de Brolles *(voir carte et descriptif pages 108 à 113).*

24 Continuer par le quai de Seine sur 1,8 km, puis longer la route (⚠ **> prudence sur 150 m**). Passer sous le pont ferroviaire.

25 À la hauteur du camping de la Belle-Étoile, descendre à droite et suivre la sente en bordure du fleuve. Remonter au niveau de la piscine olympique Laure Manaudou, continuer le long du quai du Maréchal-Joffre, puis gravir les escaliers qui mènent sur le pont Notre-Dame, à Melun [> accès à la gare décrit en sens inverse].

> Prieuré Saint-Sauveur X^e-XVIe, collégiale Notre-Dame XIe-XVIe, église Saint-Aspais XIe-XVIe, hôtel de la Vicomté XVIe, hôtel de Cens.

Accès > depuis la gare de Melun `900 m` `15 min`
De la gare, prendre en face la rue Dajot (de l'autre côté de la place Galliéni), puis la rue de la Rochette (quatrième) à gauche et la rue du Général-Lenfant à droite. À l'opposé du rond-point, poursuivre par l'avenue Eugène-Godin jusqu'au pont Notre-Dame [> jonction avec le GR® 2].

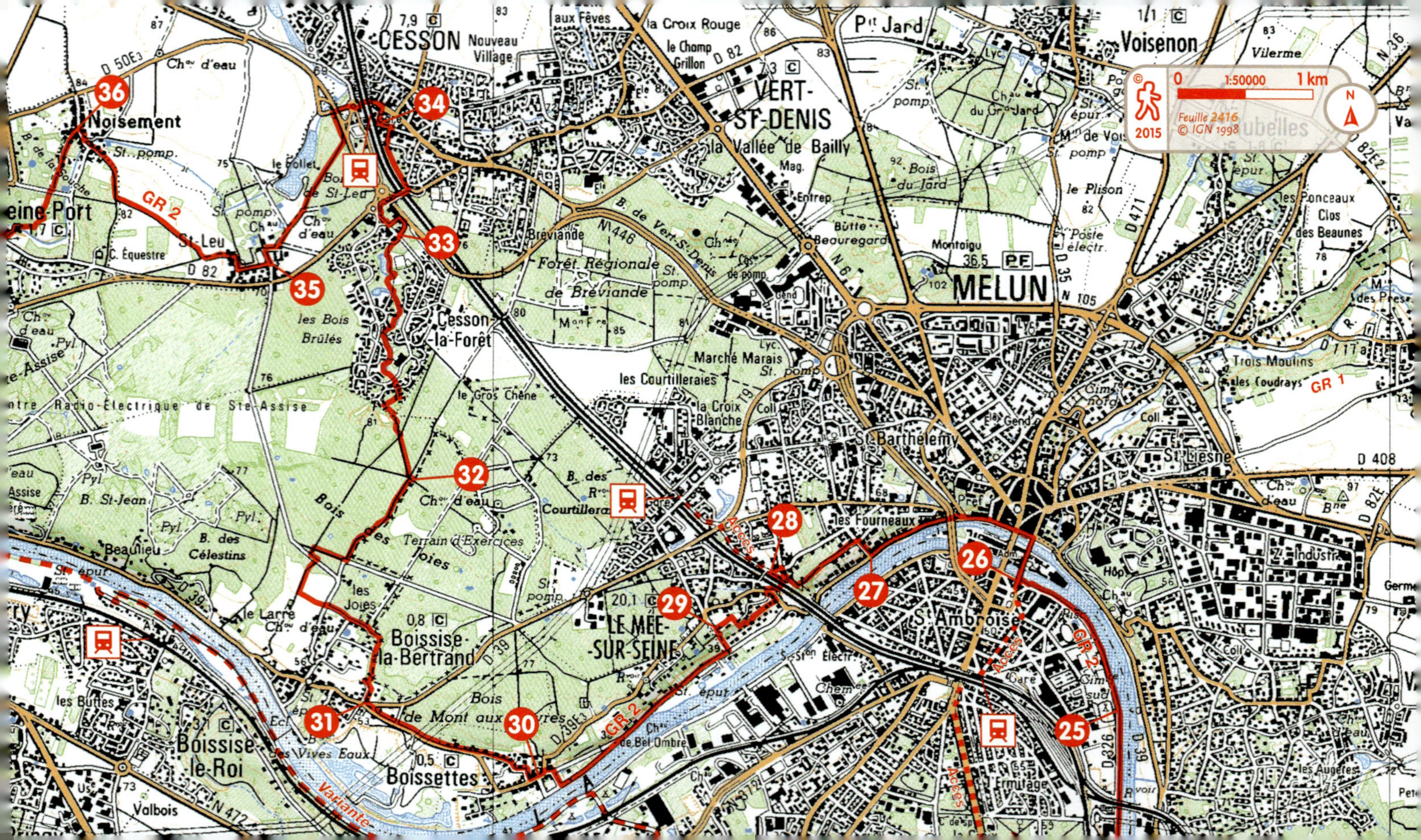

MELUN
CESSON
Nouveau Village
VERT-ST-DENIS
Voisenon
Vilerme
Pt Jard
la Croix Rouge
le Champ Grillon
aux Fèves
la Vallée de Bailly
Noisement
St-Leu
C. Équestre
le Follet
Bois de St-Leu
Bréviande
Forêt Régionale de Bréviande
B. de Vert-St-Denis
Butte Beauregard
Montaigu
Bois du Jard
le Plison
les Ponceaux
Clos des Beaunes
Trois Moulins
les Coudrays
GR 1
GR 2
Cesson-la-Forêt
les Bois Brûlés
Marché Marais
les Courtilleraies
la Croix Blanche
St-Barthélemy
St-Liesne
Z. Industr.
les Fourneaux
le Gros Chêne
B. des Rdes Courtilleraies
Terrain d'Exercices
Bois des Joies
les Joies
B. St-Jean
B. des Célestins
Beaulieu
le Larre
Boissise-la-Bertrand
LE MÉE-SUR-SEINE
St-Ambroise
Gare
Accès
Bois de Mont aux Prêtres
Boissettes
Boissise-le-Roi
les Vives Eaux
Variante
les Buttes
Valbois
Ermitage
les Augères
Ch. de Bel Ombre
1:50000
0
1 km
N
Feuille 2416
© IGN 1998
© 2015
25
26
27
28
29
30
31
32
33
34
35
36

De Melun au Mée-sur-Seine — 2,6 km — 40 min

À Melun >

26 Franchir le pont, traverser l'île [👁 > collégiale Notre-Dame XIᵉ-XVIᵉ] et, après le deuxième pont, tourner à gauche. Longer le fleuve et passer sous le pont.

27 Gravir la rue Aristide-Briand à droite. En haut, prendre la rue Pipe-Souris à gauche. Elle devient un chemin herbeux qui aboutit au musée Henri Chapu [👁 > sculpteur célèbre]. Descendre à gauche, rue Chapu [> accès à la gare décrit en sens inverse].

Du Mée-sur-Seine à Boissettes — 3,1 km — 50 min

Au Mée-sur-Seine >

Accès > depuis la gare du Mée-sur-Seine — 1 km — 15 min
Sortir de la gare à gauche, traverser aux feux et prendre à droite la rue Chanteloup jusqu'au carrefour du Chapu [> jonction avec le GR® 2].

28 Descendre la rue Chanteloup et passer sous la voie ferrée. Prendre la rue de l'Église à droite, la rue à gauche et la sente entre les jardins. Négliger la sente à gauche, passer en fond de rue, laisser la sente à droite, la suivante à gauche, puis virer à gauche et tout droit.

29 Au calvaire, dévaler le chemin à gauche. Prendre la route à droite. Elle rejoint le bord de la Seine. À la barrière, monter la rue à droite, puis suivre la rue Brouard (D 39E3) à gauche.

De Boissettes à Boissise-la-Bertrand — 1,5 km — 20 min

À Boissettes >

30 Passer l'église de Boissettes, prendre la rue des Sables à droite puis la D 39E3 à droite et aboutir au rond-point de Boissise-la-Bertrand.

De Boissise-la-Bertrand à Cesson — 6,3 km — 1 h 35

À Boissise-la-Bertrand > (hors GR® à 1,8 km)

31 Emprunter la rue aux Loups à droite et, dans le virage, le chemin en face. Après une partie rectiligne, il vire à gauche et devient rue bitumée. Poursuivre par le chemin en face (décalé à gauche). Prendre le chemin à droite, la route à gauche, le chemin à droite et tourner à droite. Dans le virage de la route, utiliser le large chemin à gauche sur 800 m.

32 Franchir le petit pont sur le fossé à gauche, obliquer à droite, couper le chemin, continuer en face et rester à droite. Aux maisons, emprunter le passage à droite et, sur la placette, la rue à gauche. Tourner à gauche, à droite et traverser la rue. Longer les trois étangs par la gauche et, après la pelouse, passer à droite de l'étang suivant. Contourner le dernier étang par la droite, traverser le bosquet et gravir le talus. Prendre la rue à gauche, puis longer à droite la piscine.

33 Poursuivre par la rue en face (décalée à droite). Elle vire à gauche. Tourner à gauche puis à droite, longer le rond-point et emprunter à droite la passerelle. Une fois la voie ferrée franchie, prendre à gauche le chemin qui la longe. Il devient rue. Suivre la rue Henri-Geoffroy à gauche qui devient rue de Verdun [> utiliser le passage souterrain pour accéder à la gare de Cesson].

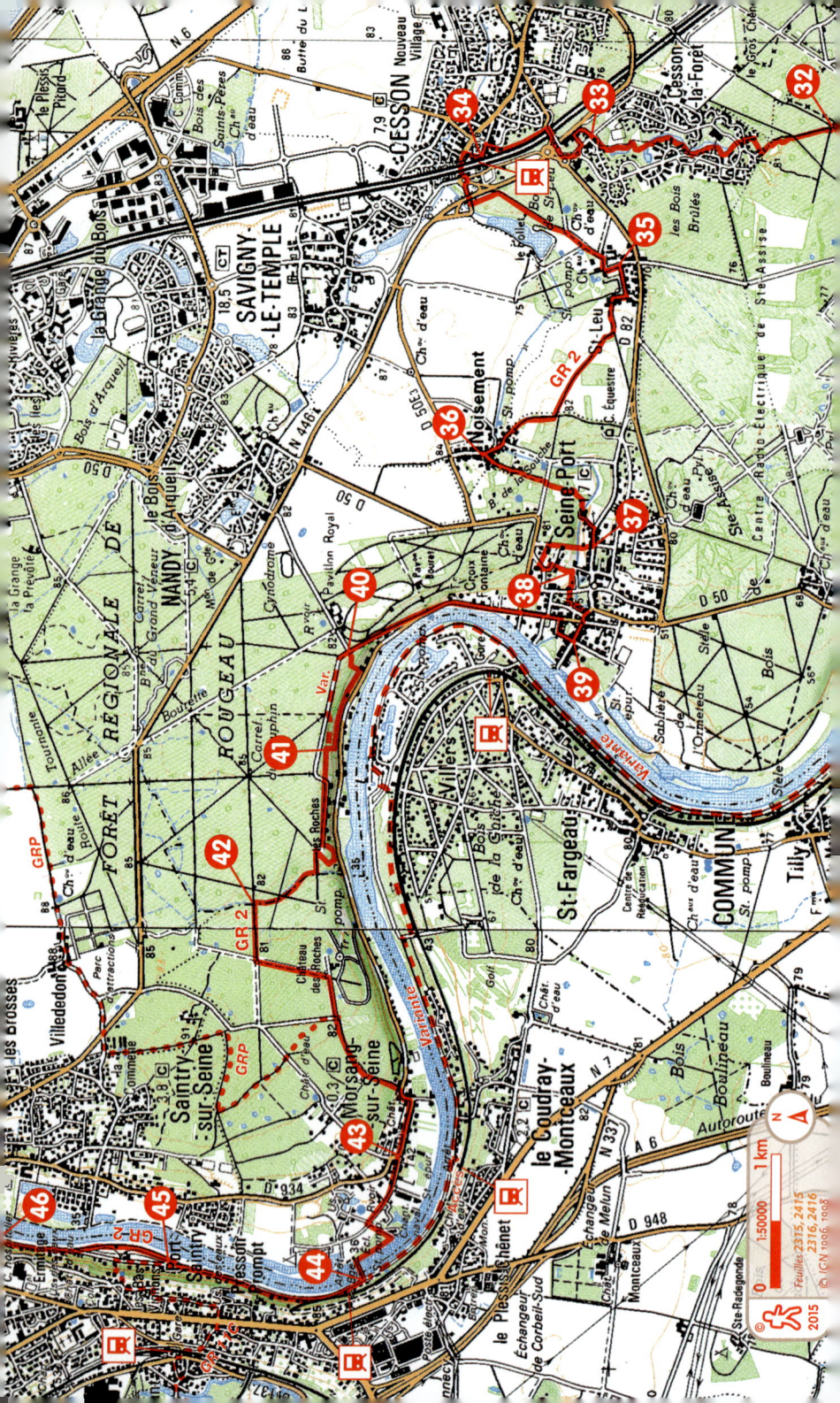

De Cesson à Seine-Port   6,7 km   1 h 40

À Cesson >

34 Descendre la rue de Verdun, tourner à gauche et passer sous la voie ferrée. Franchir le rond-point, passer sous le pont de la D 346 et gravir la sente à gauche. Virer à droite en sous-bois. En sortir et prendre la rue en face. Elle longe le parc du château de Saint-Leu.

35 Tourner deux fois à droite. La rue se prolonge en chemin. Virer à droite en lisière du bois et descendre dans Noisement. Franchir le ru et monter en face.

36 Prendre à gauche la rue de Seine-Port et continuer par le chemin entrant dans le bois. Suivre la route à droite sur 15 m puis le chemin à gauche. Descendre à gauche au moulin Neuf, remonter en face et, à la croix, tourner à droite.

37 Dévaler le chemin à droite, passer le pont. Dans la montée, prendre la rue en face sur 60 m, la sente à gauche, tourner deux fois à gauche, puis descendre le chemin à droite.

38 S'engager à droite dans la sente le long du mur. Couper la rue, emprunter l'escalier et traverser le lotissement. Après les garages, entrer à gauche dans le parc de la mairie de Seine-Port, franchir le ru et sortir en face. Emprunter la rue de Melun à droite [> maisons briardes XVIIIe-XIXe, moulins, maison Dejazet XVIIIe, église Saint-Sulpice XVIIIe, pavillon Bourret XVIIIe].

De Seine-Port à Morsang-sur-Seine   7,5 km   1 h 50

À Seine-Port >

39 Prendre la rue Dejazet à droite, la rue à gauche et la rue de Croix-Fontaine à droite. Longer la berge (⚠ **> prudence**). À la station de pompage, gravir à droite la côte pavée et, en haut, déboucher dans le virage d'une route.

⚠ **> En cas de fortes pluies, éviter la descente boueuse et glissante : continuer tout droit par la route sur 500 m puis par le chemin à gauche.**

40 Dévaler à gauche la sente qui continue en balcon [> vue sur la vallée de la Seine]. Au niveau de la base nautique en contrebas, la sente monte à droite.

41 Prendre le chemin à gauche, poursuivre par la route et, après la dernière maison, descendre le sentier à gauche. Gravir la sente à droite, laisser le sentier à droite, puis descendre à gauche. En bas, tourner à droite, longer le ru, le franchir et continuer dans le ravin.

42 Emprunter la route forestière de l'Inspecteur à gauche, la route des Bruyères à gauche, la route à droite et, dans le virage à droite [> le GRP® du Sud Parisien arrive à droite], le chemin Vert en face. Tourner à droite dans la Grande Rue (D 934) [> château].

De Morsang-sur-Seine à l'écluse du Plessis-Chênet   1,3 km   20 min

À Morsang-sur-Seine >

43 Poursuivre tout droit par le chemin des Îles. Prendre à gauche le chemin du Quai, longer la Seine à droite, emprunter la passerelle de l'écluse du Plessis-Chênet et déboucher sur la rive gauche.

> Jonction avec la variante de la rive gauche qui arrive à gauche *(voir page 113).*

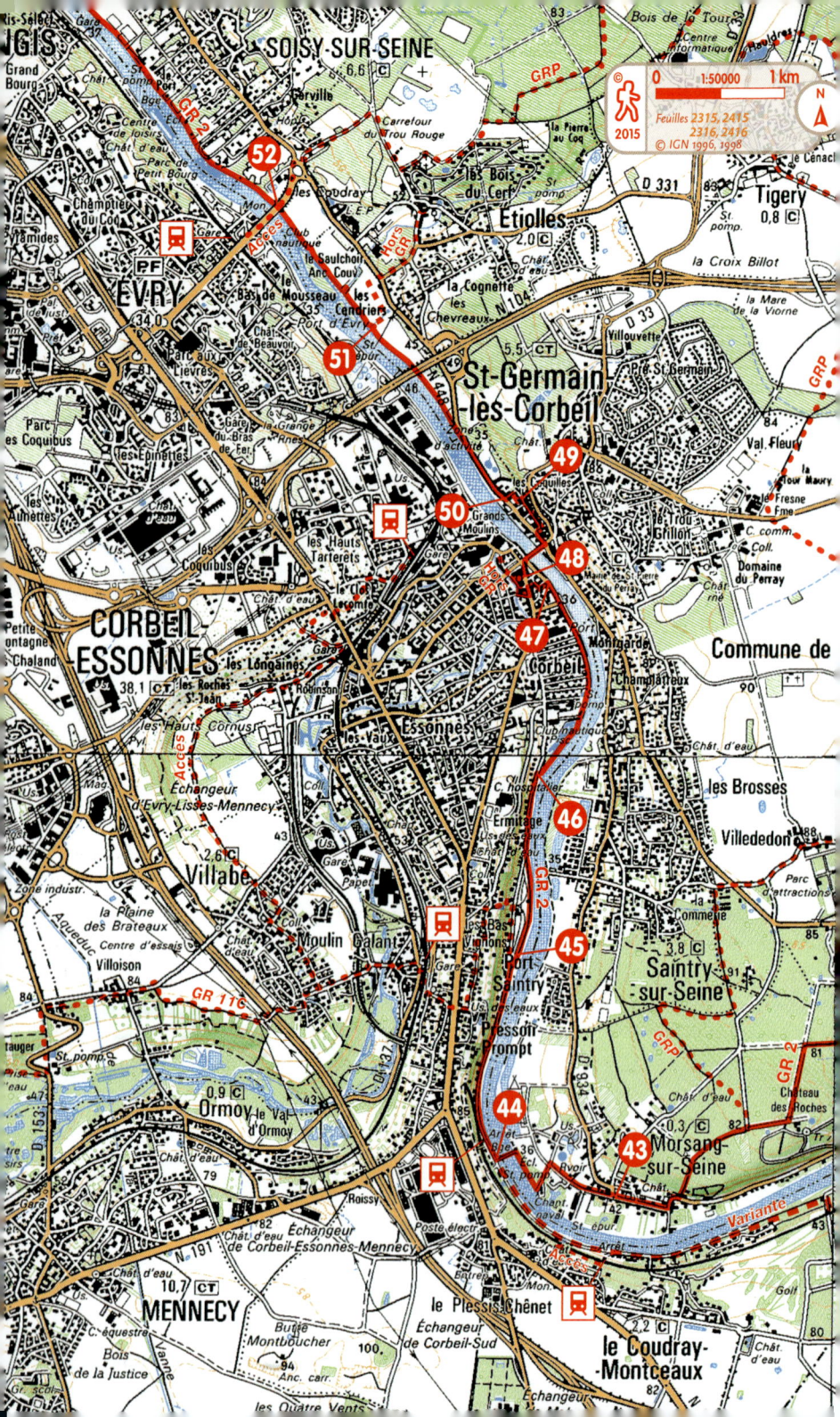

De l'écluse du Plessis-Chênet à Corbeil-Essonnes — 5 km — 1 h 15

À Plessis-Chênet >

Accès > depuis la gare du Coudray-Montceaux — 1,2 km — 1 h 15

Sortir de la gare RER par le quai en direction de Paris, monter par le chemin à droite, puis descendre par le sentier à droite. Il passe sous la voie ferrée et débouche sur la berge de la Seine. Tourner à gauche pour gagner l'écluse du Plessis-Chênet [> jonction avec le GR® 2].

44 Parcourir à droite la berge de la Seine sur 80 m [> à gauche, l'escalier mène à la gare RER D du Plessis-Chênet]. Continuer en bordure du fleuve par la rue des Berges-de-Seine, le chemin (route) des Bas-Vignons et la route qui longe la Seine. Après 1,5 km, elle s'écarte de la berge [> jonction avec le GR® 11C qui arrive en face de Ballancourt].

45 Bifurquer à droite sur le sentier [👁 > ancien chemin de halage]. Il traverse les vestiges d'une ancienne usine des eaux. Retrouver le chemin (route) des Bas-Vignons sur 200 m.

46 Reprendre à droite l'ancien chemin de halage, continuer par le quai Jacques-Bourgoin et passer devant le port autonome.

47 Tourner à gauche dans la rue de la Triperie. Prendre la rue de l'Arquebuse à droite, la rue Albert-Mercier à gauche, la rue Saint-Spire à gauche, la rue Vigier à droite et la rue du Trou-Patrix à gauche pour gagner le chevet de la cathédrale Saint-Spire [👁 > cathédrale X^e-XVe, cloître].

De Corbeil-Essonnes au chemin d'Étiolles — 2,8 km — 40 min

À Corbeil-Essonnes >

Accès > pour la gare de Corbeil-Essonnes — 850 m — 10 min

Poursuivre par la rue du Trou-Patrix, la rue des Remparts et l'avenue Darblay à gauche.

48 De la cathédrale, reprendre la rue Saint-Spire à gauche, puis tourner à droite et franchir le pont de l'Armée-Patton sur la Seine. Au rond-point, emprunter la rue du 14-Juillet (N 448) à gauche, la rue du Barillet à droite, la rue de la Poterie à gauche puis la rue de Soisy.

49 Descendre les marches à gauche et continuer par la rue d'Aligre. Prendre la rue d'Enfer à droite, la rue de Paradis à gauche, la N 448 à droite sur 75 m et la petite rue du Port-des-Marines à gauche [👁 > vue sur les Grands Moulins de Corbeil].

50 Longer la Seine à droite par le chemin de halage. Passer sous le viaduc de la Francilienne et déboucher sur le chemin de la Fontaine-au-Soulier.

Du chemin d'Étiolles au pont d'Évry — 1,3 km — 20 min

Hors GR® > pour Étiolles — 1,2 km — 20 min

Prendre le chemin à droite et monter au centre du village [👁 > église Saint-Martin XIIe].

51 Poursuivre en bord de Seine jusqu'au pont d'Évry [> à droite, GRP® du Sud-Parisien].

Accès > pour la gare d'Évry – Val-de-Seine — 500 m — 10 min

Avant le pont, tourner à droite, à gauche sous un tunnel qui rejoint le GRP® puis à gauche pour gagner la gare RER D.

HISTOIRE
LES MOULINS DE CORBEIL

En 1120, sur le comté de Corbeil, domaine royal, un moulin fut construit pour y moudre le grain de tous. Il a une bonne réputation auprès de la corporation des boulangers de Paris et des alentours. Et parmi les pains connus au XIIIe siècle, on cite ceux de Corbeil. En 1665, le Moulin du Roy fut agrandi sur les deux rives de l'Essonne. Le 21 mars 1769, il fut concédé à l'Hôpital Général de Paris, puis tomba en ruine. Ce dernier le fit démolir en 1774, à l'exception de la tour du vieux château qui fut restaurée. Sur l'emplacement, il fit construire en 1775 deux bâtiments contenant un ensemble de douze paires de meules. Les moulins furent considérés sous la Révolution comme biens nationaux puis vendus au district de Corbeil le 11 avril 1791. Ils furent rachetés par la famille Darblay en 1853 et revendus à un banquier de Paris qui en fit la Société de « Grands Moulins de Corbeil ». Ils furent présentés à l'Exposition Universelle de 1878 et celle de 1900 avec beaucoup de succès. Mais la société fit faillite. Les Grands Moulins furent repris tour à tour par ceux de Paris, de Strasbourg et enfin de Pantin qui apportèrent d'importantes modifications dans les années cinquante. Les Grands Moulins portent bien leur nom puisque ce sont les premiers de France et les seconds d'Europe. La plupart des bâtiments figurent désormais à l'inventaire des Monuments Historiques. Les moulins sont toujours en activité sous la conduite de l'entreprise Soufflet.

MOULINS DE CORBEIL / PHOTO D.Q.

GRANDS MOULINS DE CORBEIL / PHOTO D.Q.

VIE CONTEMPORAINE
La ville d'Évry

LA PAGODE D'ÉVRY / PHOTO D.Q.

On retrouve les tendances architecturales de la seconde moitié du XXe siècle avec les plus grands noms de l'architecture internationale.

Évry, avec six parcs, 230 hectares, 7 000 arbres et de nombreux jardins, reste la ville la plus verte de France et offre un cadre essentiel au « bien vivre ensemble ». La présence des bords de Seine permet de privilégier les balades romantiques le dimanche en famille, à pied ou à vélo. Évry est la seule ville à accueillir une cathédrale construite au XXe siècle, la deuxième mosquée de France, une synagogue, et la plus grande pagode d'Europe.

La Communauté d'Agglomération Évry-Centre-Essonne, permet à de grandes entreprises de

Évry fait partie du projet de création de sept nouvelles villes le 20 mai 1965. Elle compte environ 53 000 habitants, venus du monde entier, soit 70 langues issues de 60 régions du Monde. Située à 28 km de Paris, la ville bénéficie d'une desserte par : le rail (ligne D du RER), la route (N 7, A 6 et A 104) et la voie aérienne (Orly). L'architecture très particulière, mélange le moderne et l'ancien dans des espaces harmonieux.

s'implanter, d'entreprendre et de bénéficier des atouts majeurs d'un territoire en plein développement. Évry, ville campus et capitale de la génétique liée au Téléthon, l'AFM et Genopole, réunit une vingtaine de laboratoires publics et privés, près de 70 entreprises de biotechnologie ainsi qu'un enseignement universitaire de haut niveau avec création du premier laboratoire pharmaceutique à but non lucratif.

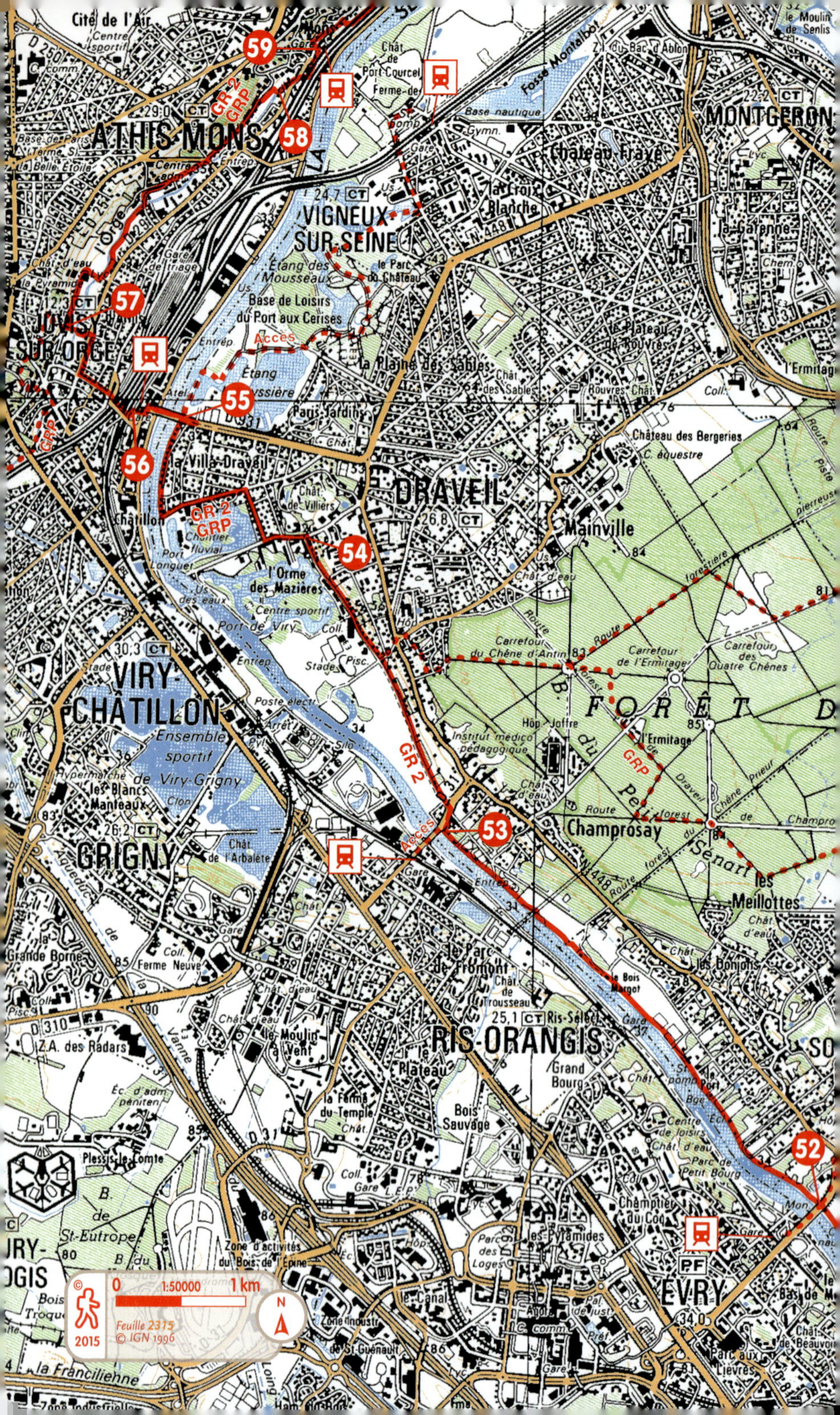

Cité de l'Air
ATHIS-MONS
59
58
GR 2
GRP
VIGNEUX SUR SEINE
Château Frayé
MONTGERON
la Croix Blanche
la Garenne
Étang des Mousseaux
le Parc du Château
Base de Loisirs du Port aux Cerises
Accès
57
JUVISY SUR ORGE
la Plaine des Sables
le Plateau de Rouvres
55
Paris Jardins
56
la Villa Draveil
DRAVEIL
Château des Bergeries
Mainville
54
l'Orme des Mazières
Port de Viry
VIRY-CHÂTILLON
Ensemble sportif de Viry-Grigny
Carrefour du Chêne d'Antin
Carrefour de l'Ermitage
Carrefour des Quatre Chênes
FORÊT
l'Ermitage
GR 2
GRP
Accès
53
GRIGNY
Champrosay
les Meillottes
le Parc de Fromont
RIS-ORANGIS
le Bois Margot
Grand Bourg
Bois Sauvage
52
Plessis-le-Comte
les Pyramides
ÉVRY
Z.A. des Radars
la Francilienne
0
1:50000
1 km
N
2015
Feuille 2315
© IGN 1996

Du pont d'Évry au pont de Ris-Orangis — 4,1 km — 1 h

À Évry >

52 Poursuivre par le chemin au bord du fleuve, dépasser l'écluse et longer le domaine régional du Bois-Chardon jusqu'au pont de Ris-Orangis.

Du pont de Ris-Orangis à Draveil — 2,5 km — 40 min

À Ris-Orangis >

> **Accès >** pour la gare de Ris-Orangis — 200 m — 5 min
> Aller à droite, franchir le pont à gauche et gagner à gauche la gare du RER D.

53 Passer sous le pont, prendre la rue Lucien-Poussin à droite, puis le chemin du Bac-de-Ris-Orangis à gauche. Au carrefour [> GRP® Ceinture Verte de l'Île-de-France à droite], poursuivre en face par la rue Ferdinand-Buisson. Longer le centre sportif du collège Eugène Delacroix, puis déboucher dans la rue du Port-aux-Dames, à Draveil.

De Draveil au pont de Juvisy — 2,2 km — 35 min

À Draveil >

54 Prendre la rue du Port-aux-Dames à gauche, l'avenue de Paris à droite et la rue de Chatillon à gauche. Suivre à droite le chemin de halage jusqu'au pont de Juvisy.

Du pont de Juvisy à la gare de Juvisy — 700 m — 10 min

> **Accès >** pour la gare RER D de Vigneux-sur-Seine — 4,7 km — 1 h 10
> Voir tracé en tirets sur la carte.

55 Juste avant le pont, aller à droite pour franchir le pont à gauche sur le trottoir de droite. Continuer par la rampe qui descend à gauche (⚠ **> prudence : voie à grande circulation, utiliser les passages protégés**). Emprunter à droite la rue de Draveil et arriver à la gare RER D et C de Juvisy.

De la gare de Juvisy à Athis-Mons — 3,6 km — 55 min

À Juvisy >

56 Franchir le pont de chemin de fer et sortir par l'escalier à gauche dans l'avenue d'Estienne-d'Orves. Prendre l'avenue (deuxième) du Général-De-Gaulle à droite, puis l'impasse Blaise-Pascal à gauche. Enjamber l'Orge, monter l'escalier et arriver au pied de la Terrasse [> GRP® Ceinture Verte de l'Île-de-France en face].

57 Emprunter l'avenue de la Terrasse à droite. Après le groupe scolaire, tourner à droite, franchir l'Orge et longer la rivière à gauche. Passer le pont et, au rond-point, suivre la rue du Docteur-Calmette à droite. Traverser le carrefour et continuer en face par la rue du Parc-d'Athis.

58 Au bout, s'engager à droite dans le bois. Le chemin longe l'Orge. Franchir le pont à droite, et suivre la berge à gauche. Gravir l'escalier, passer le pont de la rue Édouard-Vaillant et déboucher sur la place de Rohtembourg, à la gare d'Athis-Mons (RER C).

GR® 2 • De Montereau-Fault-Yonne à Vernon

CRÉTEIL
TRY SUR SEINE
CHOISY LE ROI
VALENTON
VILLENEUVE-ST-GEORGES
VILLENEUVE-LE-ROI
ABLON SUR SEINE
CROSNE
MONTGERON
SEINE
Variante
GR 2
GRP
Le Mont Mesly
Val Pompadour
Carrefour Pompadour
Gare de Triage de Villeneuve St-Georges
Parc départ. de la Plage Bleue
Écluses d'Ablon
Fosse Montalbot
58
59
60
61
62
63
64
65
66
67
68
0
1:50000
1 km
Feuilles 2314, 2315
© IGN 1996, 1999
2015

D'Athis-Mons à Villeneuve-Saint-Georges — 4,5 km — 1 h 10

À Athis-Mons >

59 Prendre la rue Caron sur 50 m, la sente du Chemin-de-Fer à gauche, le sentier des Germandeaux à droite, le sentier de l'Ancien-Petit-Mons à droite et la rue Caron à gauche. Passer devant le jardin de Jovet et descendre la rue Eugène-Rayé.

60 Monter à gauche les escaliers du sentier des Calabres, puis les escaliers du sentier des Terriers (décalé à droite). En haut, prendre la rue d'Ablon à droite, franchir le pont sur les voies, dévaler à droite l'escalier de l'impasse Geuffron et, au rond-point, longer la Seine à gauche.

61 Au pont de Villeneuve-le-Roi, monter l'escalier, franchir le pont, descendre l'escalier à gauche et partir le long de la Seine [> gare RER de Villeneuve-Saint-Georges à droite].

De Villeneuve-Saint-Georges au pont de Choisy-le-Roi — 5 km — 1 h 15

À Villeneuve-Saint-Georges >

62 Emprunter le chemin de halage, l'avenue de Choisy (D 138) à gauche [> gare de Villeneuve-Triage à droite] et poursuivre le long des quais [> GRP® Ceinture Verte à droite] jusqu'au pont de Choisy [> GRP® Ceinture Verte à gauche].

Du pont de Choisy-le-Roi à Vert-de-Maisons — 5 km — 1 h 15

Accès > pour la gare RER C de Choisy-le-Roi — 700 m — 10 min
Franchir le pont.

63 Continuer le long de la Seine par le quai Pompadour sur 750 m [> départ de la variante par le confluent Seine-Marne *(voir page 115)*]. Emprunter l'avenue Marguerite à droite, l'avenue d'Alfortville à droite et l'avenue de La Folie à gauche.

64 Entrer dans le parc de Choisy, contourner le plan d'eau par la droite et sortir du parc par l'allée des Mésanges à gauche. Tourner à droite, passer sous l'A 86 puis longer le stade. Prendre l'allée Jean-Baptiste-Preux à gauche puis l'allée à droite, parallèle à la rue Félix-Morthiron.

65 Emprunter la digue d'Alfortville à droite et, 100 m après le rond-point, les rues de Grenoble à gauche, de Dijon à droite et de Genève à gauche jusqu'à la gare [> RER D, Vert-de-Maisons].

De Vert-de-Maisons à Créteil-Université — 1,9 km — 30 min

À Maisons-Alfort >

66 Passer sous les voies. Prendre la rue de la Liberté à droite et aboutir à la N 6. Poursuivre par le chemin des Mèches, passer sous l'A 86 et continuer par le mail des Mèches (décalé à gauche). Il franchit la passerelle et passe sous la D 1 [> métro Créteil-Université, ligne 8].

De Créteil-Université au pont de Créteil — 2,4 km — 35 min

À Créteil >

67 Traverser le carrefour. Prendre la rue Déménitroux à droite, le passage le long de l'hôpital à gauche, la rue de Mesly à droite, la rue Joly à gauche et la rue de la République. Au bout, descendre les marches, suivre le chemin du Bras-du-Chapitre à gauche puis le chemin de halage et gravir l'escalier du pont de Créteil.

VIE CONTEMPORAINE
LE VAL-DE-MARNE

Le Val-de-Marne fait partie de la région Île-de-France avec une superficie de 244 km². Créé en 1967, il est très urbanisé. Il a pour préfecture : Créteil et pour sous-préfectures : l'Hay-les-Roses et Nogent-sur-Marne, sa population est estimée à 1 215 600 personnes, avec une densité de 4 981 habitants au km². Le département est situé au sud-est de Paris, sur le plateau de Brie et qualifié « département d'eau ». Il profite d'un dense réseau fluvial avec la Seine (15 km), la Marne (24 km) et plusieurs petites rivières (Bièvre, Réveillon, Morbras). Le Val-de-Marne fut longtemps le lieu privilégié des maraîchers et de l'arboriculture, aujourd'hui, connu pour ses cultures florales (les roses à Mandres-les-Roses, les orchidées à Boissy-Saint-Léger). L'industrie reste diversifiée, le département compte 438 000 emplois répartis en 54 grands établissements dont le MIN de Rungis (marché d'intérêt national) et l'aéroport international d'Orly. Il profite aussi d'une excellente desserte ferroviaire. Pour le découvrir, on peut emprunter l'un des 350 km d'itinéraires balisés et entretenus par les baliseurs de la FFRandonnée du Val-de-Marne.

PÉNICHES SUR LA MARNE / PHOTO M.F.D.

LES BORDS DE MARNE / PHOTO M.F.D.

ARCHITECTURE
Les Choux de Créteil

C'est un grand ensemble signé par Gérard Grandval de 1969 à 1974. Il a reçu le label « Patrimoine du XXe siècle » du ministère de la Culture.

Dix tours rondes de 15 étages constituent l'élément essentiel de ce grand ensemble. Leur forme, semblable à un chou-fleur en raison de la forme des balcons, donne son nom, ou plutôt son surnom, à ce quartier.

Ces balcons, dans l'idée de l'architecte, étaient destinés à être végétalisés, ce qui aurait modifié l'aspect extérieur des immeubles supports de jardins, au gré des saisons.

Lorsque le projet est mis en place en 1966, la zone constructible se situe sur une plaine maraichère (plaine Pompadour) qui fut dès 1860 l'un des principaux centres de production légumière de Paris : la *Choucrouterie Benoist*, la plus grande usine de choucroute de la région parisienne s'y installa. Grandval n'ignorait sans doute pas le passé de cette partie de la ville lorsqu'il proposa son projet.

Les Choux de Créteil / photo M.F.D.

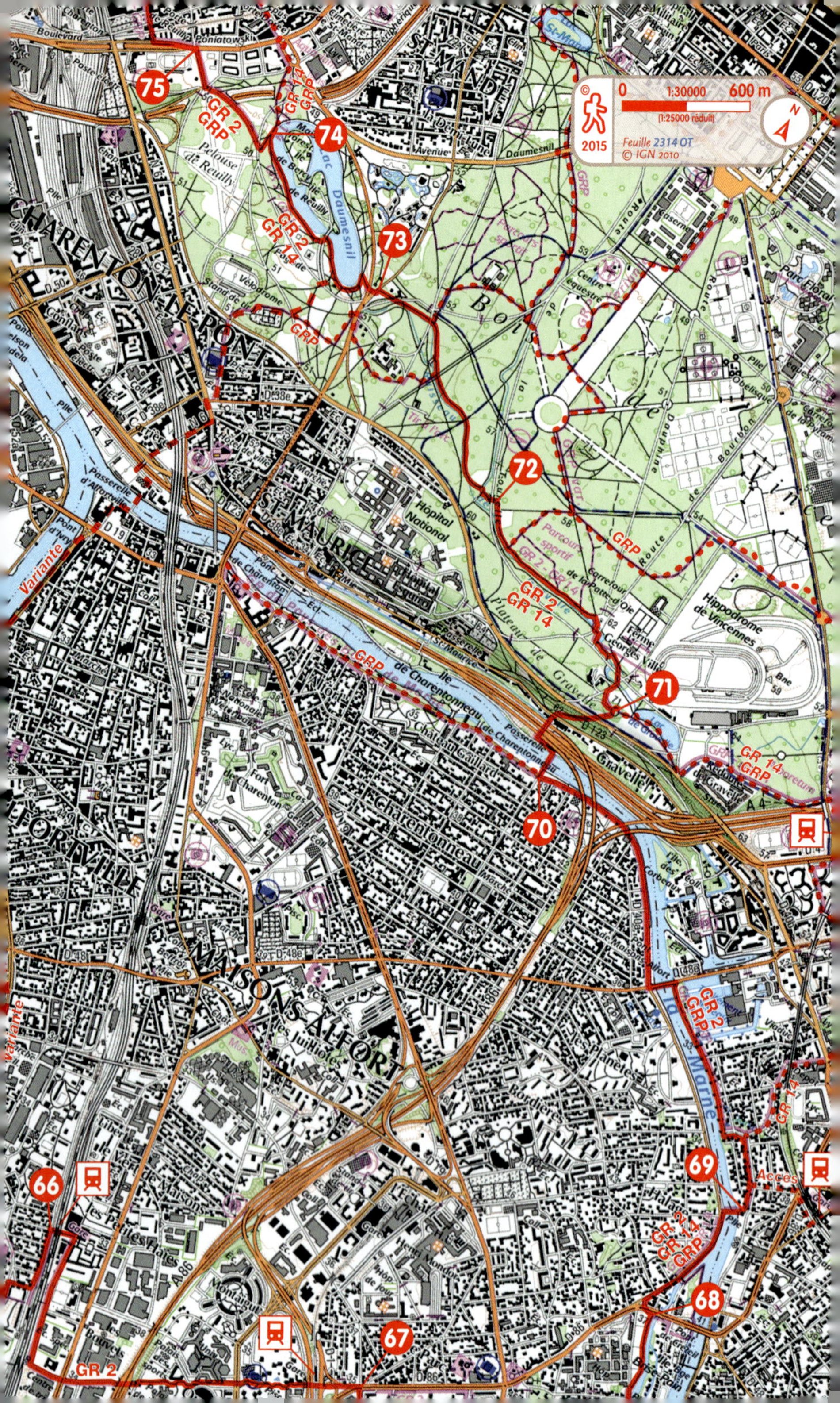

Du pont de Créteil à Saint-Maur-des-Fossés — 800 m — 10 min

68 Traverser l'avenue de Verdun. Prendre en face et à gauche la rue du Port et franchir la passerelle sur la Marne [👁 > qui se jette dans la Seine à Charenton-le-Pont].

De Saint-Maur-des-Fossés au kiosque de Gravelle — 3,3 km — 50 min

À Saint-Maur-des-Fossés >

69 Suivre le boulevard du Général-Ferrié à gauche, le quai Schaken à droite en bord de Marne et, après l'usine des eaux, monter l'escalier du pont Maison. Franchir la Marne, puis la longer à droite.

70 Emprunter à droite la passerelle de Charentonneau sur la Marne, puis la passerelle sur l'A 4. Prendre la rue du Maréchal-Leclerc à gauche sur 50 m, puis le passage aménagé à droite dans le mur de soutien du coteau. Monter l'escalier, le sentier, traverser l'avenue de Gravelle et accéder au kiosque [👁 > point culminant du plateau de Gravelle, 72 m].

Du kiosque de Gravelle à la porte de Reuilly — 4,3 km — 1 h 05

Accès > depuis la gare RER A de Joinville-le-Pont 1,8 km 25 min

De la sortie n°2 « avenue des Canadiens », tourner à droite, emprunter la passerelle verte puis le sentier *(balisage jaune)*. Passer au-dessus de l'A 4, couper la route de la Pyramide et prendre en face le sentier parallèle à l'allée cavalière. Passer l'école de Police et la redoute de Gravelle. Au carrefour, suivre à droite la route du Point-de-Vue, la rive du lac de Gravelle [👁 > réservoir des ruisseaux du bois de Vincennes ; l'eau s'écoule par gravitation dans les trois autres lacs] et gagner le kiosque.

71 Descendre à gauche vers le restaurant. Prendre la route du Pesage à droite, la route de la Tourelle à gauche, franchir le pont à droite et gagner à gauche le carrefour de la Patte-d'oie. Passer à gauche et continuer par le chemin qui longe la rivière de Gravelle.

72 Couper la route de la Tourelle et poursuivre par le sentier le long de la rivière de Gravelle. Croiser une seconde route et continuer en face jusqu'au sentier assez large qui mène au carrefour de la Conservation.

73 Aller à gauche, traverser aux feux l'avenue de Saint-Maurice puis la route de Ceinture-du-Lac-Daumesnil. Continuer le chemin en face, prendre à gauche la promenade Maurice-Boitel [> arrivée à gauche de la variante venant du pont de Choisy par le confluent Seine-Marne *(voir page 115)*]. Passer le centre bouddhique, puis arriver à un arbre au tronc balisé « GR® 14 ».

74 S'écarter du lac à gauche, traverser la route de Ceinture-du-Lac-Daumesnil et continuer à droite par le chemin qui passe au-dessus du périphérique. Gagner à gauche la pelouse de Reuilly. Dos aux grilles de la pelouse, longer par la gauche la place du Cardinal-Lavigerie. Déboucher sur le boulevard Poniatowski, à la porte de Reuilly.

HISTOIRE
Vincennes, un bois façonné par l'État

Lorsque les Rois de France résidaient au Palais de la Cité, ils se rendaient souvent au bois de Vincennes pour pratiquer la chasse à courre. Afin de s'assurer de bonnes prises, Philippe Auguste (1180-1223) fit clore le bois qui demeura une chasse royale jusqu'à Louis XIV (1643-1715). Le bois d'aujourd'hui date du Second Empire (1852-1870), Napoléon III chargea Georges-Eugène Haussmann, Préfet du département de la Seine, de créer à Vincennes un parc à l'anglaise où l'eau occuperait une place essentielle (Lac Daumesnil). Jean-Charles Alphand s'attela à cette rude tâche. Le jardinier Jean-Pierre Barillet-Deschamps remodela le bois en y créant de fausses buttes, des allées sinueuses, et une végétation abondante. Gabriel Davioud imagina les buvettes, les kiosques et les chalets suisses. Au siècle dernier le bois servit de cadre à deux expositions coloniales, celle de 1907 dont il reste quelques vestiges dans le jardin tropical René Dumont et celle de 1931 organisée autour du lac Daumesnil où fut créé pour l'occasion le parc zoologique dominé par son célèbre rocher. Bois des sportifs, il accueillit de 1968 à 1974 l'arrivée du Tour de France à la Cipale, aujourd'hui vélodrome Jacques Anquetil et chaque dernier dimanche de janvier se déroule à l'hippodrome le Grand Prix d'Amérique où concourent les meilleurs trotteurs mondiaux. Le bois de Vincennes, où l'armée longtemps omniprésente a cédé des terrains, permet de belles et variées randonnées topoguide à la main !

Kiosque floral / photo P.G.

AMÉNAGEMENT
LE LAC DAUMESNIL

L'eau, absente du bois de Vincennes, il fallut à sa création la pomper de la Marne puis l'emmagasiner dans un réservoir, le lac de Gravelle, situé au sud-est du bois à son point le plus élevé (66 mètres). Ensuite par gravitation des rivières acheminent l'eau dans les autres lacs du bois : les Minimes au nord-est, Saint-Mandé au nord-ouest et au sud-ouest le lac Daumesnil, le plus vaste des quatre lacs avec ses deux îles reliées par un pont. Gabriel Davioud aménagea l'île de Reuilly : fausse grotte où coule une cascade et temple de Vesta. Ces deux réalisations d'inspiration romantique illustrent le goût du XIXe siècle pour ce courant artistique. Facile d'accès (métro et tramway) le lac Daumesnil très prisé des Parisiens offre une palette de distractions : canotage, restaurant réputé, parc zoologique nouvellement rénové et bien sûr randonnées. Restent à proximité du lac quelques traces de l'exposition coloniale de 1931 : l'ancien pavillon du Cameroun transformé en Pagode où trône le plus grand Bouddha d'Europe et l'ex pavillon du Togo devenu un centre de documentation. À l'orée du bois, proche du lac se dresse le Palais de la Porte Dorée, imposant monument de style art déco réalisé par Albert Laprade. Sur sa façade une vaste fresque d'Auguste Janniot met en valeur les richesses de l'ancien empire colonial français. Musée des colonies, ce Palais est à présent Cité Nationale de l'Histoire de l'Immigration. Sa visite est conseillée et peut être groupée ave celle de l'aquarium tropical construit dans ce Palais.

LE LAC DAUMESNIL / PHOTO P.G.

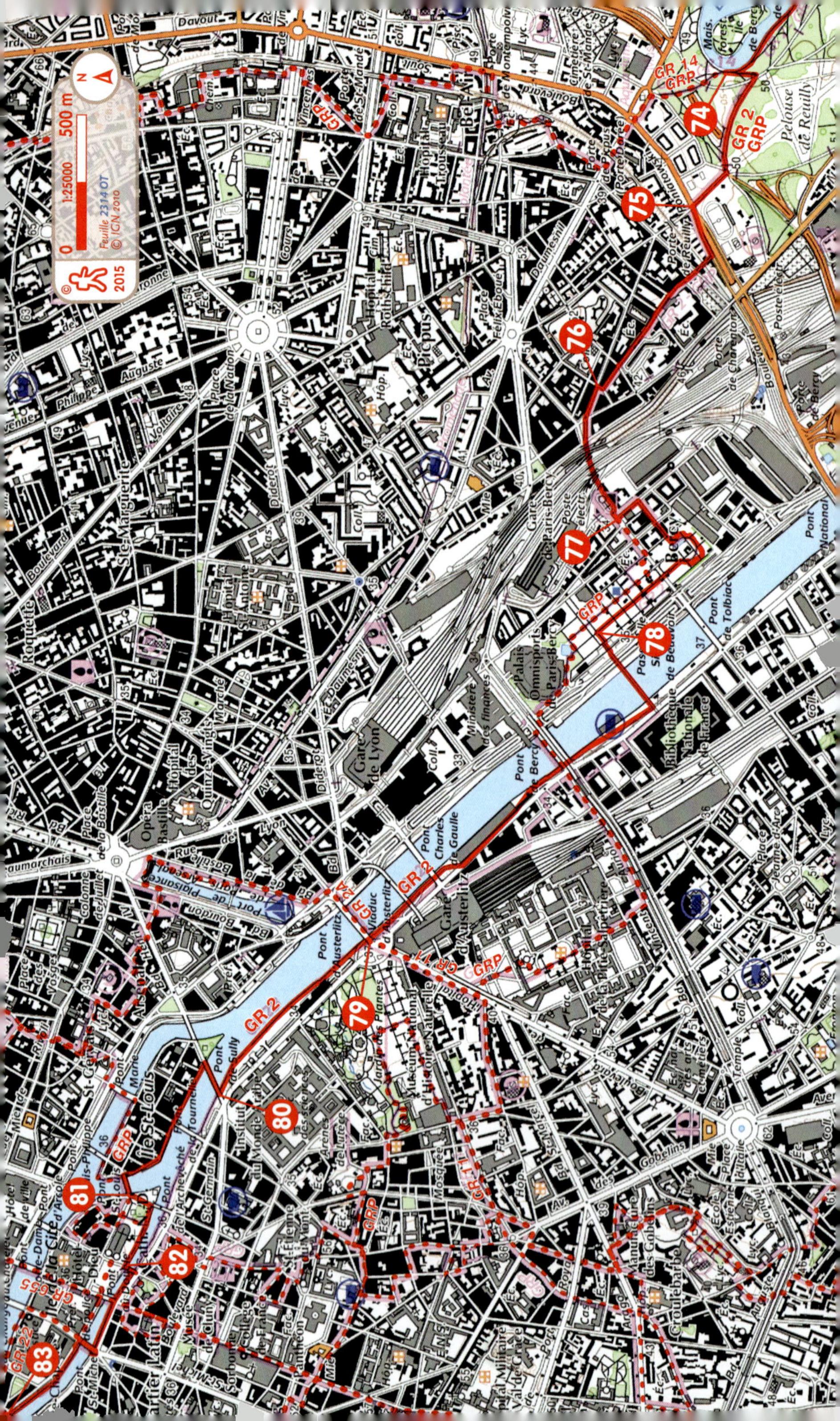

De la porte de Reuilly à Notre-Dame

6,1 km 1 h 35

À Paris >

75 Traverser le boulevard Poniatowski [👁 > le boulevard des Maréchaux (d'Empire), édifié en 1920 lors de la destruction des fortifications dites de Thiers (les « fortifs »), ceint Paris comme le boulevard périphérique (le « périph » qui, lui, date des années 60]. Se diriger à gauche, prendre à droite la rue des Meuniers et franchir la passerelle qui enjambe la voie ferrée de la Petite Ceinture. Au bout de la rue des Meuniers, emprunter à droite la rue de la Brèche-aux-Loups.

76 Prendre la rue de Wattignies à gauche, traverser la rue de Charenton et continuer à gauche par la rue des Fonds-Verts. Poursuivre à gauche par la rue Proudhon qui passe sous les voies du chemin de fer et arriver place Lachambeaudie [👁 > au centre, église Notre-Dame-de-la-Nativité construite en 1873].

77 Emprunter la rue Baron-le-Roy à gauche et la rue de l'Aubrac à droite. Elle conduit au parc de Bercy.

👁 > De cet ancien entrepôt viticole, il ne reste qu'un chai (salle d'exposition) et l'ancien poste de garde (salle de conférence). Il est conseillé de se promener dans ce parc avant de monter les escaliers menant à la passerelle Simone de Beauvoir dominée par les quatre hautes tours de la bibliothèque François Mitterrand (architecte Dominique Perrault – 1995), premier bâtiment culturel du récent quartier de Paris Rive-Gauche où sont implantées à présent de nombreuses universités.

78 Franchir la passerelle Simone de Beauvoir par le tablier inférieur, puis tourner à droite sur la berge. Passer devant la piscine flottante Joséphine Backer et continuer tout droit jusqu'aux anciens magasins généraux d'Austerlitz reconvertis en espace culturel. Suivre la berge, passer sous le pont Charles-De-Gaulle, puis sous le viaduc (du métro) d'Austerlitz.

79 Poursuivre sous le pont d'Austerlitz, passer devant la brigade fluviale « la Fluv », traverser le jardin Tino Rossi [👁 > musée de la Sculpture en Plein Air] et monter sur le quai Saint-Bernard [👁 > à gauche, Institut du Monde arabe].

80 Franchir à droite le pont de Sully et arriver dans l'île Saint-Louis. Prendre à gauche le quai de Béthune, continuer par le quai d'Orléans et emprunter à gauche le pont Saint-Louis. Il permet d'accéder à l'île de la Cité.

81 Tourner à gauche sur le quai de l'Archevêché et entrer dans le square Jean XXIII. Longer le côté sud de la cathédrale Notre-Dame-de-Paris, sortir du square et déboucher sur le parvis Notre-Dame.

👁 > Cathédrale gothique dont la construction remonte à 1160. Elle abrite la couronne d'épines du Christ, jadis conservée dans la Sainte Chapelle. Visite du trésor dans la cathédrale.
Montée dans les tours (accès par la rue du Cloître-Notre-Dame, côté nord) et visite de la crypte archéologique sous le parvis.

PATRIMOINE
Notre-Dame de Paris

Comme bien d'autres cathédrales gothiques, Notre-Dame domine l'espace et, du pont de la Tournelle, semble flotter sur la Seine. Sa construction débute en 1160 lorsque le nouvel Évêque de Paris, Maurice Sully décide d'édifier au cœur de la populeuse île de la Cité un ensemble religieux marquant : cathédrale, hôtel-Dieu (hôpital) et palais épiscopal. La nouvelle cathédrale terminée vers 1330 se substitue à une basilique dédiée à Saint-Étienne, de style roman, plus petite et moins haute, son portail dédié à la vierge se trouve à gauche de l'actuelle façade où une imposante rose de 10 m de diamètre laisse pénétrer la lumière rendant l'intérieur de l'édifice très coloré. Bien que l'édifice soit situé en face du Palais du roi de France, la cathédrale est peu liée à la monarchie puisque les rois furent presque tous sacrés à Reims et inhumés à la cathédrale de Saint-Denis. Temple de la Raison pendant la Révolution, valorisée dans le roman de Victor Hugo (Quasimodo, Esméralda…), profondément remaniée au XIXe siècle par l'architecte Violet le Duc, Notre-Dame de Paris attire de nombreux touristes pas toujours curieux de vénérer un fragment de la croix ou la couronne d'épines du Christ. Il est vivement conseillé de visiter Notre-Dame et de l'admirer du vaste parvis où une rose des vents indique les distances kilométriques depuis Paris.

Notre-Dame de Paris / photo P.G.

HISTOIRE
Les Îles de la Seine

Par beau temps, du dernier étage de la tour Eiffel, on aperçoit les îles parisiennes du fleuve. Chacune d'elles a son histoire. L'île Louviers proche du Pont de Sully, ancien entrepôt à bois, fut rattachée à la rive droite au XIXe, elle n'existe plus. La physionomie actuelle de l'île Saint-Louis date de 1725, avant, un étroit chenal séparait l'île Notre-Dame de l'île aux Vaches recouverte de prairies ; unifiée, l'île Saint-Louis se couvrira de magnifiques hôtels particuliers méritant son titre « d'île aux Palais ». Rattachée au XVIe siècle à l'île de la Cité lors de la construction du pont Neuf, l'île aux Juifs ou des Templiers est à présent l'extrémité du square du Vert-Galant. Longtemps cœur politique (Palais des premiers rois francs) de la capitale, l'île de la Cité a été profondément remaniée lors des travaux du Préfet Haussmann. Hôtel-Dieu, marché aux fleurs, Palais de Justice, Cour de cassation, tour Carrée avec la première horloge publique de Paris : il est vivement conseillé d'en faire le tour. Quant à l'île aux Cygnes, ancienne digue de Grenelle, proche des tours du front de Seine, elle est artificielle. À son extrémité, se trouve une réplique moins haute de la statue de la Liberté du port de New-York.

Statue de la Liberté / photo P.G.

0
1:25000
500 m
Feuille 2314 OT
© IGN 2010
2015
LA SEINE
GR 2
GR 22
GRP
GR 655
81
82
83
84
85
86
87
88
Pont Alexandre III
Pont de la Concorde
Passerelle de Solférino
Pont Royal
Pont du Carrousel
Pont des Arts
Pont d'Iéna
Passerelle Debilly
Musée d'Orsay
Musée du Louvre
Jardin des Tuileries
Champ de Mars
Tour Eiffel
Invalides
Grand Palais
Petit Palais
Place de la Concorde
Île de la Cité
Quartier Latin
Jardin du Luxembourg

De Notre-Dame à la Tour Eiffel 5,1 km 1 h 15

82 De l'autre côté du parvis, continuer en bordure de la Seine par le quai du Marché-Neuf. Passer la Préfecture de Police, traverser le boulevard du Palais et suivre le quai des Orfèvres (siège de la Police Judiciaire) [👁 > au Moyen Age, un marché aux volailles se tenait à cet endroit]. Descendre sur la berge et gagner le Pont Neuf [👁 > premier pont dépourvu de maisons dès sa construction à la fin du XVIe siècle]. Passer sous le pont, gagner le square du Vert-Galant [👁 > surnom du roi Henri IV, à la réputation de grand séducteur], effectuer le tour de la pointe occidentale de l'île de la Cité et monter les escaliers qui mènent au pied de la sculpture équestre d'Henri IV.

83 Franchir le Pont Neuf pour accéder à la rive gauche et, sur le quai Conti, descendre l'escalier. Poursuivre sur la berge de la Seine [👁 > échelle indiquant la hauteur de la crue de 1910 ; en face, sur la rive droite, musée du Louvre (ancienne résidence royale), puis jardin des Tuileries]. Passer sous le pont des Arts, sous le pont du Carrousel et remonter sur le quai Voltaire. Traverser la chaussée du pont Royal et continuer, en rive gauche, sur le quai Anatole-France. Parvenir à la hauteur du musée d'Orsay [👁 > ancienne gare de la compagnie des Chemins de fer d'Orléans édifiée pour l'Exposition universelle de 1900].

84 Descendre l'escalier de bois qui mène sur la berge et emprunter la promenade André Gorz [👁 > sur la rive droite, Grand Palais, reconnaissable à sa grande verrière].

85 Remonter sur le quai. Passer devant le pont de l'Alma [👁 > zouave] et continuer sur l'esplanade Ben-Gourion. Longer le musée du quai Branly.

86 À la hauteur de la passerelle Debilly, descendre sur la berge et la suivre jusqu'au pont d'Iéna, à la hauteur de la Tour Eiffel [👁 > sur la rive droite, Palais de Chaillot construit pour l'Exposition des Arts et Techniques de 1937].

VUE SUR LA TOUR EIFFEL / PHOTO P.G.

PATRIMOINE
LA TOUR EIFFEL

Même si elle ne fut pas la première des Expositions Internationales organisées à Paris, celle de 1889 commémorant le centenaire de la Révolution française méritait bien un bâtiment à la pointe de la technologie du temps. Une tour de plus de 300 mètre de haut fera l'affaire et reprendra l'ambitieux projet, encore jamais réalisé, de « gratter le ciel » même si la tour de Dubaï (828 m – 2005) s'en rapproche ! Avant sa tour, Gustave Eiffel avait déjà montré son savoir-faire en réalisant le viaduc, bien sûr métallique, de Garabit (1884), la structure interne de la statue de la Liberté de New-York (1879) et bien qu'il ne fût pas le concepteur de la tour, il en fut un ardent défenseur et mena à bien sa réalisation. Il faut dire qu'elle avait fière allure cette tour dressée à l'extrémité nord du champ de Mars, face au Palais du Trocadéro posé sur la colline de Chaillot. Alors qu'elle ne devait pas survivre à l'exposition, la Tour Eiffel est maintenant le deuxième monument parisien le plus visité après Notre-Dame. À proximité de la Seine qu'enjambe le pont d'Iéna bordé de quatre sculptures de guerriers, la Tour fait face à présent au vaste Palais de Chaillot édifié lors de la dernière Exposition Internationale tenue à Paris en 1937. Si l'Empire State Building (1931 – 440 m de haut) symbolise New-York, la Tour Eiffel (1889 – 300 m de haut), c'est Paris. Difficile d'imaginer qu'elle fut si vilipendée lors de sa construction.

LA TOUR EIFFEL / PHOTO P.G.

AMÉNAGEMENT
LES BERGES DE SEINE

Paris est née sur l'île de la Cité grâce au trafic fluvial comme le rappelle son blason de la corporation des bateliers. Il en sera ainsi jusqu'à la création du chemin de fer au milieu du XIXe siècle où, la population croissant, les bords de Seine assez étroits furent saturés. Le commerce fluvial, notamment industriel, se déplaça alors au nord de la ville le long du bassin de la Villette et les rives du fleuve accueillirent des activités sportives (traversée à la nage de Paris) et culturelles (les Expositions Universelles Internationales). Le développement de l'automobile entraînera un autre changement radical dans l'organisation des villes. Il était tentant pour les pouvoirs publics de transformer les rives basses de la Seine en autoroutes urbaines. Sans grandes protestations, 2,3 km sur la rive gauche et 5 sur la rive droite furent réservées à l'automobile dans les années 60. Il sera bien plus délicat de les rendre à la circulation piétonnière. La municipalité procéda par étapes. L'été, depuis 2002, une partie des berges de la rive droite accueille « Paris Plage », 1,5 km de l'hôtel de ville au quai Henri IV sont devenus en 2012 piétonniers et en 2013 du pont Royal au pont de l'Alma, 2,5 km de berge ont été transformés en promenade André Gorz. Moult activités pour les enfants, espaces d'exposition, restauration flottante et vaste espace végétal de cinq îles transforment les berges du fleuve, berges classées au patrimoine mondial de l'UNESCO depuis 1991.

BERGES DE SEINE / PHOTO P.G.

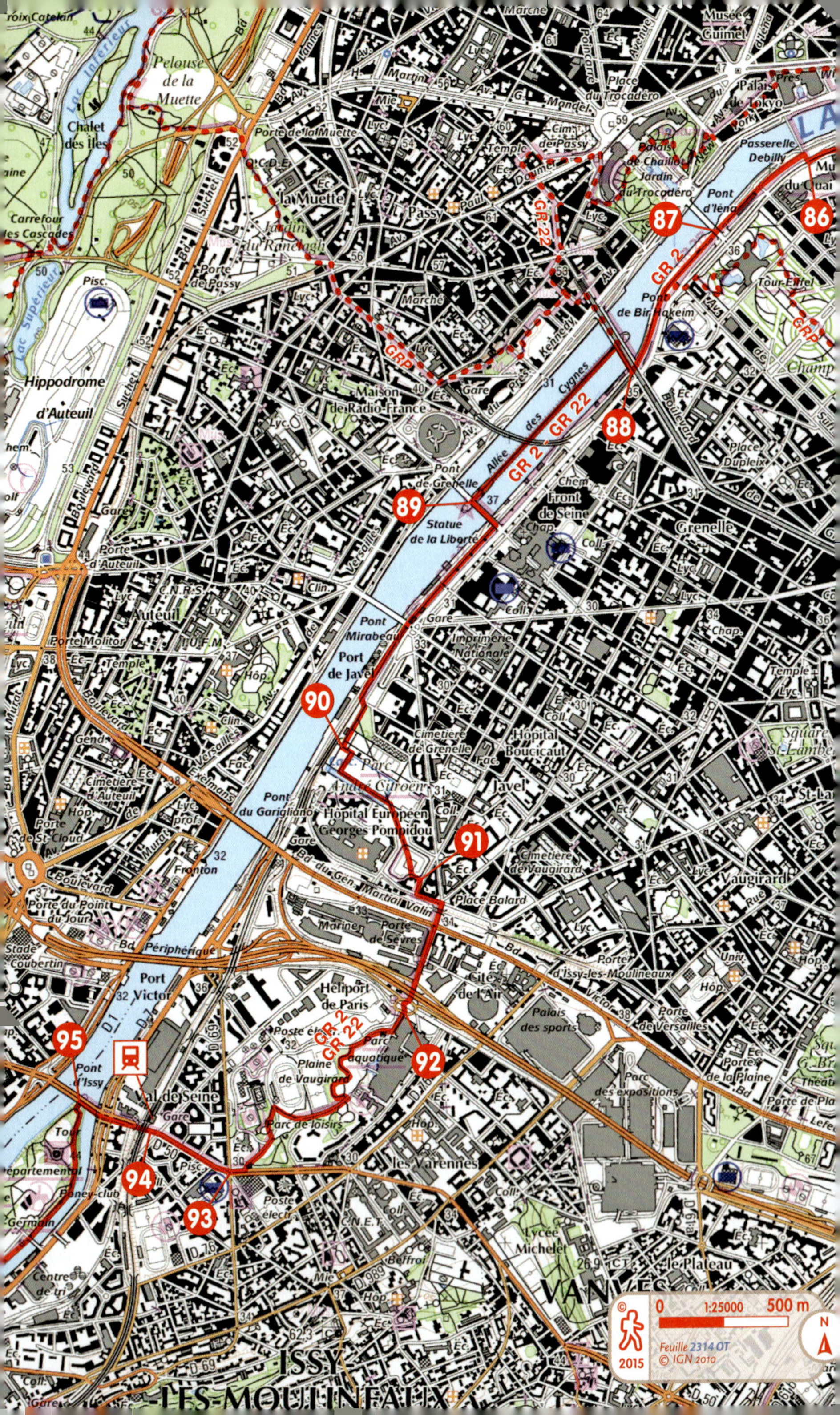

Pelouse de la Muette
Chalet des Iles
Carrefour des Cascades
Lac Inférieur
Lac Supérieur
Hippodrome d'Auteuil
Porte de la Muette
la Muette
Jardin du Ranelagh
Porte de Passy
Passy
Place du Trocadéro
Palais de Chaillot
Jardin du Trocadéro
Musée Guimet
Palais de Tokyo
Passerelle Debilly
Pont d'Iéna
Tour Eiffel
Pont de Bir Hakeim
Maison de Radio-France
Allée des Cygnes
Pont de Grenelle
Statue de la Liberté
Front de Seine
Grenelle
Place Dupleix
Porte d'Auteuil
Auteuil
Porte Molitor
Pont Mirabeau
Port de Javel
Imprimerie Nationale
Cimetière de Grenelle
Hôpital Boucicaut
Javel
Parc André Citroën
Hôpital Européen Georges Pompidou
Pont du Garigliano
Cimetière d'Auteuil
Porte de St-Cloud
Porte du Point du Jour
Cimetière de Vaugirard
Vaugirard
Place Balard
Porte de Sèvres
Bd Périphérique
Port Victor
Héliport de Paris
Cité de l'Air
Palais des sports
Parc aquatique
Plaine de Vaugirard
Parc de loisirs
Parc des expositions
Porte de Versailles
Porte de la Plaine
Pont d'Issy
Val de Seine
les Varennes
Lycée Michelet
le Plateau
VANVES
ISSY-LES-MOULINEAUX
GR 2
GR 22
GRP
86
87
88
89
90
91
92
93
94
95
0 1:25000 500 m
Feuille 2314 OT
© IGN 2010
© 2015
N

De la Tour Eiffel à Issy-Val-de-Seine   5,7 km   1 h 25

87 Passer sous le pont d'Iéna, puis remonter sur le quai et déboucher à l'entrée du pont de Bir-Hakeim [👁 > viaduc du métro].

88 Traverser la chaussée du pont, emprunter le trottoir du pont à droite, puis descendre l'escalier à gauche pour accéder à l'allée des Cygnes [> jonction avec le GR® 22 qui vient de la rive droite de la Seine], [👁 > à gauche, plaine de Grenelle et tours du Front de Seine ; à droite, Passy et la Maison ronde de la Radio avec sa tour de 68 m]. Avancer jusqu'à l'extrémité de la petite île [👁 > réplique de la statue de la Liberté de New-York réalisée par Auguste Bartholdi et Gustave Eiffel pour l'ossature qui la soutient]. Remonter sur le pont de Grenelle.

89 Franchir le pont à gauche, suivre la berge à droite jusqu'au pont Mirabeau et continuer le long de la Seine jusqu'à l'entrée du parc André-Citroën.

👁 > Réalisé en 1992 sur l'emplacement des usines André Citroën. Cet industriel, maître de la communication, utilisa la Tour Eiffel lors du salon de l'automobile en 1925, pour faire briller les sept lettres « Citroën ».

90 Se diriger à gauche vers la fontaine d'eau pétillante, puis à droite sur la pelouse où se trouve le ballon d'Air Paris. Continuer en direction des deux grandes serres séparées par des jets d'eau, traverser à droite la deuxième partie du par cet avancer vers la sortie « rue Saint-Charles ».

91 Prendre la rue Saint-Charles à droite et la rue Leblanc à gauche. De l'autre côté de la rue, passer sous le pont de l'ancienne ligne de chemin de fer de Petite Ceinture, continuer par l'avenue de la Porte-de-Sèvres, passer sous le boulevard périphérique et traverser la rue Louis-Armand.

92 Entrer dans le vaste parc omnisport Suzanne Lenglen [👁 > ancienne joueuse de tennis française 1899-1938, 1ère star mondiale du tennis féminin]. Traverser le parc (⚠ **> bien suivre le balisage au parcours très sinueux**).

93 Du parc, déboucher sur la place du Président-Schuman et emprunter à droite la rue Rouget-de-Lisle (D 50) pour trouver la gare d'Issy-Val-de-Seine [> RER C et tram T2].

PARC ANDRÉ-CITROËN / PHOTO P.G.

BILLANCOURT
SÈVRES
VILLE-D'AVRAY
MEUDON
CHAVILLE
CLAMART
Parc de St-Cloud
Île Seguin
Bas Meudon
Bellevue
Les Capucins
Les Bruyères
Brimborion
Fleury
GR 1
GR 2
GR 22
GRP
93
94
95
96
97
98
99
100
101
102
103
104
105
106
0 1:30000 600 m
(1:25000 réduit)
Feuille 2314 OT
© IGN 2010
© 2015
N

D'Issy-Val-de-Seine à Meudon-Bellevue — 4,2 km — 1 h 05

À Issy-les-Moulineaux >

94 Passer sous les voies, continuer par la D 50 et emprunter le pont d'Issy sur le trottoir de gauche.

95 À mi-pont, entrer à gauche dans le parc départemental de l'Île-Saint-Germain [👁 > Tour aux Figures de Jean Dubuffet, peupliers noirs]. À la sortie du parc, longer la grille à gauche, passer sous le pont de Billancourt, monter les escaliers et franchir le pont à droite [> accès au Tram T2 Les Moulineaux, à 100 m].

96 Suivre à droite la Seine sur 1,5 km par le quai de Stalingrad et la route de Vaugirard jusqu'à la hauteur de la station Brimborion [> accès au Tram T2].

97 Monter la rue Henri-Savignac à gauche. À la hauteur du n°15, gravir à droite le sentier en sous-bois, puis la route des Gardes (D 181), longer à droite la voie ferrée par la sente Louis-Blanc et atteindre la gare de Meudon-Bellevue.

De Meudon-Bellevue à Chaville — 5,8 km — 1 h 30

À Meudon >

98 Monter l'avenue du Général-Galliéni sur 30 m. Prendre la rue Paul-Houette à droite, le sentier des Balysis à gauche et l'avenue du Château en face [👁 > créée par Le Nôtre, elle mène à la terrasse de Meudon : vue sur Paris et la Seine].

99 150 m avant la terrasse, prendre le passage Tivoli à droite, la rue des Capucins à droite et l'avenue Marcellin-Berthelot à gauche [👁 > tour où Marcellin Berthelot fit ses expériences sur la fixation de l'azote par les plantes]. Elle vire à droite et conduit au carrefour du Bel-Air.

100 Prendre la route forestière des Fonceaux à droite, descendre l'allée cavalière des Fonceaux à droite et monter la route du Pavé-des-Gardes à gauche (D 181) sur 70 m. Emprunter le chemin des Capucins à droite.

101 Grimper par le sentier à gauche, couper la rue Jules-Gévelot et, en face, passer dans le parc forestier. Suivre l'allée des Capucins à gauche, traverser la rue des Bruyères et franchir le pont sur la N 118.

> **Accès > à la gare de Sèvres Rive-Gauche** — 800 m — 10 min
> Tourner à droite.

102 Tourner à gauche, entrer à droite en sous-bois, couper la route de la Garenne et monter à gauche. Au carrefour de la Belle-Étoile, continuer en face par la route forestière des Postillons. Au carrefour de la Femme-Sans-Tête, prendre la route de Morval (deuxième allée) à gauche, traverser le carrefour du Doisu et dévaler le sentier. Déboucher sur la D 181, à la maison forestière du Doisu [> séparation du GR® 22].

103 Prendre la rue du Gros-Chêne à droite, passer sous la voie ferrée, traverser l'avenue Roger-Salengro et monter en face la rue Alfred-Fournier. Suivre la rue Martial-Boudet à gauche, la rue Carnot à droite et arriver à la gare de Chaville-Rive-Droite.

ENVIRONNEMENT
L'Île Saint-Germain

TOUR AUX FIGURES (ÎLE SAINT-GERMAIN) / PHOTO J.-P.J.

Le parc départemental de l'île Saint-Germain (21 ha) est un espace d'une grande diversité biologique et paysagère, rare dans une zone urbanisée, d'où le label « Espace Vert Écologique » obtenu en mai 2012. C'est un lieu de vie où il fait bon flâner. L'île comprend : des grandes pelouses, des aires de jeu, de loisirs et de sport, six jardins à thème, une faune et une flore sauvage, avec mares, boisements naturels, sculptures et une ouverture sur la Seine.

L'île acquise par l'abbaye de Saint-Germain-des-Prés en 558, d'où son nom, reste agricole jusqu'au milieu de XIXe siècle. S'y installent alors les entrepôts généraux et des guinguettes fréquentées par des promeneurs, des canotiers et des peintres (Courbet, Daubigny, etc.).

Dans les jardins à thèmes on trouve des plantes méditerranéennes, où les espèces évoluent librement selon le rythme des saisons, des ruches, des espaces avec des « *fleurs des champs* » et des arbres fruitiers. Dans le jardin des découvertes, des étiquettes en forme de devinette permettent aux enfants et aux parents de nommer les plantes.

Le jardin possède un rare peuplier noir et, d'octobre à avril, le bouvreuil pivoine (*Pyrrhula pyrrhula*), oiseau en déclin en Île-de-France, y trouve ici graines et fruits. L'entrée de l'île est dominée par la « Tour aux figures » de Jean Dubuffet (24 m), qui dresse ses figures changeantes, images du monde utopique de nos pensées et nos rêves.

Sur l'île est installée une station de réoxygénation de la Seine pour le développement et la survie des poissons.

PETIT BRAS DE LA SEINE, ÎLE SAINT-GERMAIN / PHOTO J.-F.S.

HISTOIRE
L'ÎLE SEGUIN

Louis XV achète cette terre agricole de 11,5 hectares à l'abbaye de Saint-Victor pour ses filles. Elle devient « l'île Madame ». À la révolution, elle débute sa vocation industrielle avec une blanchisserie. En 1794, Armand Seguin, chimiste, l'achète, lui donne son nom et y ajoute une tannerie. En 1919, Louis Renault acquiert l'île et y monte une usine de construction automobile complètement autonome. Nationalisée le 15 janvier 1945, elle produira la 4CV symbole de la croissance et de la modernité de l'industrie française et sera un haut lieu des luttes sociales. La dernière voiture sort le 31 mars 1992. L'île accueillera en 2016 logements, activités tertiaires et culturelles, et la Cité musicale départementale.

HISTOIRE
L'ÎLE DE MONSIEUR

Elle doit son nom à Monsieur, Duc d'Orléans, frère de Louis XIV, installé au domaine national de Saint-Cloud qui y donnait des fêtes nautiques. Le petit bras de Seine est comblé en 1812. Aujourd'hui, cette base nautique de 7,5 hectares est dédiée à la pratique associative des sports d'eau sur la Seine.

PARC NAUTIQUE DE L'ÎLE DE MONSIEUR / PHOTO J.-P.J.

PATRIMOINE
LA CITÉ DE LA CÉRAMIQUE

Elle regroupe la Manufacture nationale et le Musée national de la céramique de Sèvres. Elle représente l'excellence des métiers d'art et de création en France avec ses savoir-faire uniques enrichis de nombreuses créations d'artistes contemporains *(Calder, Poliakoff, Zao Wou-Ki, Alechinsky, Soulages, et beaucoup d'autres)*. Créée par Madame de Pompadour, la manufacture s'installe à Sèvres en 1756. En 1770, elle commercialise la porcelaine dure, développée par Macquer et Millot grâce au kaolin trouvé à Saint-Yrieix. Elle est transférée dans le bâtiment actuel en 1876.

MUSÉE DE LA CÉRAMIQUE / PHOTO C.I.

HISTOIRE
LA TERRASSE DE MEUDON

Elle offre une vue magnifique sur la Seine, Paris et La Défense ainsi que sur le viaduc du Val Fleury, dit pont Hélène, objet des premières photographies. On a du mal à imaginer que s'élevaient ici deux châteaux.

La terrasse a été construite par Abel Servien, surintendant des finances de Louis XIV, qui achète le domaine à la famille De Guise en 1656. Il entreprendra également le boisement de ce qui est aujourd'hui la forêt de Meudon. Louvois, nouveau propriétaire, fait appel à Le Nôtre pour redessiner les jardins avec de vastes allées. Louis XIV fera construire un second château par Mansart et y installera son fils le Grand Dauphin. À la mort de ce dernier, la famille royale délaisse le domaine. Au cours de La Révolution le premier château est transformé en « établissement national pour les épreuves d'artillerie » et brûle en 1791 lors d'un exercice de tir. Napoléon restaure le second château pour le Roi de Rome. Il sera détruit par un incendie en 1870. Ses ruines seront cédées à l'astronome Jules Jansen qui le transforme en observatoire.

HISTOIRE
L'OBSERVATOIRE DE MEUDON

L'observatoire possède la plus grande lunette d'Europe. Jules Jansen (1824-1907), inventeur du compas aéronautique et découvreur du spectre de la vapeur d'eau, s'aperçoit en 1871 que le soleil possède une atmosphère et que la lune en est dépourvue. En 1889, il photographie planètes et comètes et obtient les premiers tirages de qualité du soleil.

OBSERVATOIRE DE MEUDON / PHOTO J.-P.J.

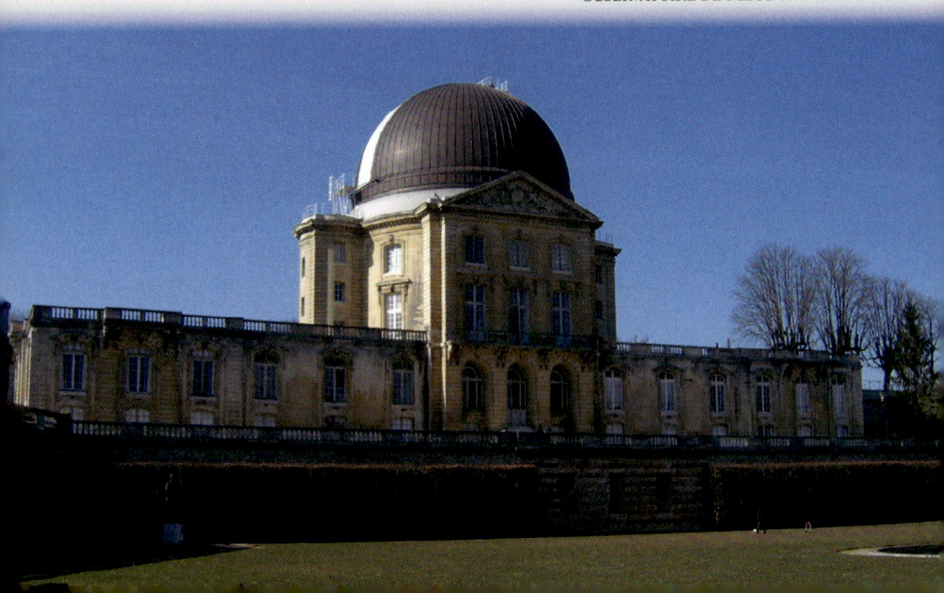

HISTOIRE
Les étangs Corot à Ville-d'Avray

Au bord de l'étang Neuf se dresse une fontaine érigée en mai 1880 dédiée à Jean-Baptiste-Camille Corot. En face, à l'entrée du mail Alphonse Lemerre, se trouve la maison de l'artiste achetée par son père en 1817. Corot y passera de nombreux printemps et étés à peindre les étangs et les bois alentours. À sa mort en 1875, elle est vendue à l'éditeur Lemerre qui y attirera de nombreux artistes : Daudet, de Heredia, Coppée, Sully Prudhomme, Leconte de Lisle ainsi que Gambetta.

Étang de Ville-d'Avray / photo J.-P.J.

HISTOIRE
Le monument Pasteur à Marnes-la-Coquette

En 1884, après avoir mis en valeur le rôle des microbes dans les maladies contagieuses et fondé ainsi la microbiologie, Pasteur s'installe dans le domaine de Villeneuve l'Étang à Marnes-la-Coquette, que l'État vient de lui octroyer. Il y aménage laboratoires et animaleries loin des habitations. En 1885 a lieu la première inoculation du vaccin antirabique sur un jeune garçon nommé Joseph Meister. Ce que rappelle le monument érigé sur la place.

HISTOIRE
Le Mémorial de l'Escadrille La Fayette

Le mémorial de style art déco inauguré le 4 juillet 1928, est composé d'un arc de triomphe flanqué de deux portiques. Dans la crypte reposent 68 aviateurs américains engagés dans l'unité française du même nom dès août 1914 et leurs chefs, le général Brocard et le lieutenant-colonel Thénault. Avec 160 autres aviateurs américains engagés dans d'autres unités françaises, ils formaient le « Lafayette Flying Corps » ancêtre de l'US Air Force. Sur le vaste terre-plein à droite, observer un magnifique Tulipier.

Mémorial La Fayette / photo P.M.

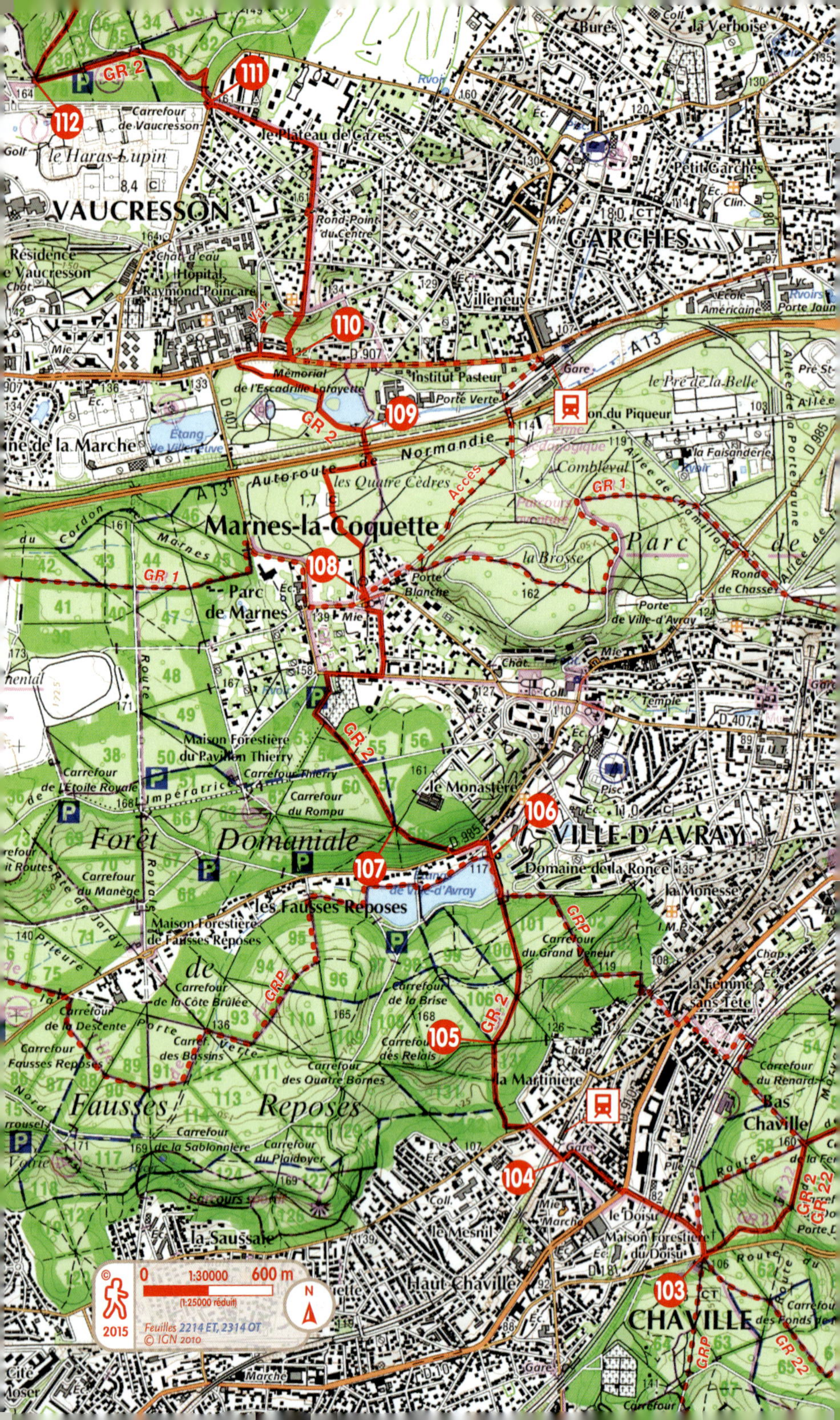

112
111
110
109
108
107
106
105
104
103
GR 2
GR 1
GRP
GR 22
Carrefour de Vaucresson
le Haras-Lupin
VAUCRESSON
Résidence de Vaucresson
Hôpital Raymond-Poincaré
le Plateau de Cazes
Rond-Point du Centre
Bures
la Verboise
Petit Garches
GARCHES
Villeneuve
École Américaine
Porte Jaune
Mémorial de l'Escadrille Lafayette
Institut Pasteur
Porte Verte
Étang de Villeneuve
Autoroute de Normandie
les Quatre Cèdres
Accès
le Pré de la Belle
Ferme pédagogique
la Faisanderie
Combleval
Marnes-la-Coquette
Parc de Marnes
Porte Blanche
la Brosse
Parc de
Rond de Chasse
Porte de Ville-d'Avray
Maison Forestière du Pavillon Thierry
Carrefour Thierry
Carrefour du Rompu
Carrefour de l'Étoile Royale
Impératrice
le Monastère
VILLE-D'AVRAY
Domaine de la Ronce
la Monesse
Forêt Domaniale
Carrefour du Manège
Étang de Ville-d'Avray
les Fausses Reposes
Maison Forestière de Fausses Reposes
Carrefour du Grand Veneur
Carrefour de la Côte Brûlée
Carrefour de la Brise
Carrefour de la Descente
Carrefour des Bassins
Carrefour des Relais
Carrefour des Quatre Bornes
la Martinière
la Femme sans Tête
Carrefour du Renard
Bas Chaville
Fausses
Reposes
Carrefour de la Sablonnière
Carrefour du Plaidoyer
le Doisu
Maison Forestière du Doisu
la Saussaie
le Mesnil
Haut Chaville
CHAVILLE
Carrefour des Fonds
0 1:30000 600 m
(1:25000 réduit)
2015
Feuilles 2214 ET, 2314 OT
© IGN 2010

De Chaville à Ville-d'Avray — 1,3 km — 20 min

À Chaville >

104 Poursuivre par la rue Carnot, traverser la rue du Coteau et entrer en face dans la forêt de Fausses-Reposes par le parc de La Martinière. Le chemin oblique à gauche puis vire à droite et passe entre les parcelles n°131 et 133.

105 En haut, au carrefour de la Barrière-Neuve, prendre le deuxième chemin à droite. Tout droit, il mène en bordure de l'étang Neuf, à Ville-d'Avray [◉ > monument à Jean-Baptiste-Camille Corot et, à droite, sa maison (ne se visite pas)].

De Ville-d'Avray à Marnes-la-Coquette — 1,7 km — 25 min

À Ville-d'Avray >

106 Ne pas utiliser les escaliers à droite, mais rester à gauche et longer la route de Versailles à gauche sur 100 m. Traverser au passage piéton et monter en face.

107 Au carrefour, prendre la troisième allée à droite, couper la route et continuer tout droit. Le chemin contourne le cimetière de Marnes-la-Coquette par la gauche. Emprunter l'avenue Thierry à droite en bordure du cimetière de Ville-d'Avray, l'allée de l'Albony à gauche, la rue R.-J.-Minaud, la rue Gabriel-Sommer à gauche et se faufiler à droite entre l'église et la mairie [◉ > monument dédié à Pasteur]. Traverser la rue R.-et-X.-Schlumberger [> croisement avec le GR® 1].

De Marnes-la-Coquette à Garches — 1,7 km — 25 min

À Marnes-la-Coquette >

> **Par GR® 1 et PR > pour la gare de Garches** — 1,2 km — 20 min
> Prendre la rue de la Porte-Blanche à droite, puis le sentier à gauche.

108 Entrer par la grille en face dans le parc du Domaine national de Saint-Cloud. Prendre la deuxième allée à gauche, longer les prairies et tourner à droite le long de l'A 13. Emprunter l'allée à gauche, passer sous l'A 13 et franchir la passerelle sur la voie ferrée.

109 Bifurquer à gauche et longer l'étang de Villeneuve [◉ > monument et crypte consacrés à l'escadrille La Fayette]. Face au mémorial, tourner à droite, franchir le pont sur le canal du ru de Vaucresson, virer à gauche et, tout droit, gagner la grille de sortie du Domaine, face à l'hôpital Raymond Poincaré. Prendre le boulevard Raymond-Poincaré à droite, traverser au deuxième feu, poursuivre du côté nord du boulevard, dépasser un parking et atteindre l'entrée du parc Davesne.

De Garches au carrefour de Vaucresson — 1,3 km — 20 min

À Garches >

> **Hors GR® > pour la gare de Garches** — 1 km — 15 min
> Continuer par le boulevard Raymond-Poincaré.

> Variante en cas de fermeture du parc Davène : revenir sur ses pas avant le parking pour emprunter l'avenue de Brétigny qui contourne le parc.

110 Entrer à gauche dans le parc. À la sortie, prendre en face l'avenue Henri-Fontaine, puis la rue Robert-Chevallier et l'allée de Saint-Cucufa à gauche. Elle conduit au carrefour de Vaucresson.

CROISSY-SUR-SEINE
la Malmaison
Château de la Malmaison
Parc de la Malmaison
BOUGIVAL
Parc de la Jonchère
Résidence Elysée
la Jonchère
St-Cucufa
Forêt Domaniale de la Malmaison
Domaine St-François d'Assise
LA CELLE-ST-CLOUD
Bois de la Celle
Résidence de l'Etang Sec
Carrefour Béranger
la Feuillaume
Domaine Théry
Domaine de Bel Ebat
Maison Forestière du Butard
VAUCRESSON
le Haras Lupin
Carrefour de Vaucresson
Résidence de Vaucresson
Hôpital Raymond Poincaré
Mémorial de l'Escadrille Lafayette
Domaine de la Marche
le Plateau de
le Vert Bois
la Petite Jonchère
le Closeau
le Prieuré
les Gabillons
Île de la Chaussée
la Grenouillère
Golf
Porte de Longboyau
Mais. Forest. de St-Cucufa
GR 2
GRP
GR 1
117
116
115
114
113
112
111
110
0
1:25000
500 m
2015
Feuilles 2214 ET, 2314 OT
© IGN 2010

Du carrefour de Vaucresson au parc de la Jonchère — 3,6 km — 55 min

À Vaucresson >

11.1 Entrer dans la forêt domaniale de la Malmaison [👁 > ancien bois Béranger inclus au domaine de La Malmaison par l'impératrice Joséphine]. Prendre la route forestière de la Côte-Grise à droite, puis l'allée à gauche. En bordure du parking, continuer par le chemin et arriver aux maisons.

11.2 Tourner à droite et dévaler tout droit le chemin qui débouche au bord de l'étang de Saint-Cucufa [👁 > au XIIe siècle, des moines bénédictins firent construire en ce lieu une chapelle]. Le contourner par la gauche. Au parking, monter à gauche par l'allée forestière de l'Étang jusqu'au carrefour.

11.3 Prendre la route forestière du Pré-Boni à droite. Dans le virage, continuer par le chemin du Pré-Boni. Emprunter le chemin des Pinces-Vins à droite et le chemin des Vignes à gauche. Descendre à droite l'avenue de la Jonchère (D 173) jusqu'aux grilles du parc de la Jonchère et traverser l'avenue (⚠ **>prudence : traversée dangereuse**).

Du parc de la Jonchère au pont de Bougival — 2,4 km — 35 min

11.4 Entrer dans le parc forestier de la Jonchère.

👁 > Ce parc boisé de 11 ha, dont certaines essences datent du XVIIIe siècle, domine la Seine et offre un large panorama sur la vallée.

Suivre le chemin qui monte en lacets, puis devient horizontal. Redescendre à droite par le chemin en lacets. En bas, prendre le chemin à gauche et sortir du parc.

11.5 Descendre à droite la rue de la Croix-aux-Vents. Prendre la rue Jacques-Kellner à gauche, la rue Mouchet à droite et le quai Georges-Clémenceau à gauche. Passer sous le pont du Maréchal-de-Lattre-de-Tassigny (appelé aussi pont de Bougival) et y monter par la rampe.

BOUGIVAL / PHOTO J.-P.J.

HISTOIRE
LA FORÊT DOMANIALE DE LA MALMAISON

D'une superficie de 201 hectares, elle est composée de nombreuses essences : châtaigniers (60 %) sur les versants nord ; chênes (30 %) essentiellement sessiles, mais aussi, dans les milieux humides, pédonculés ; aulnes et frênes dans les vallons ; et également merisiers, érables sycomores, hêtres et bouleaux ainsi qu'un cyprès chauve, arbre rare en Île-de-France. Des chevreuils ont été réintroduits en 1989/90, on en dénombre une vingtaine. On peut y observer aussi de nombreux oiseaux, amphibiens, chiroptères et une grande variété d'insectes. Au XIIe siècle, les moines bénédictins firent construire une chapelle aujourd'hui détruite dédiée à Saint-Cucufa près de l'étang du même nom. Elle fut l'objet d'un pèlerinage depuis Rueil jusqu'à la Révolution. La forêt fut acquise par Joséphine en avril 1799. Elle était reliée au château de La Malmaison et s'étendait sur un millier d'hectares jusqu'au pavillon du Butard. L'impératrice appréciait particulièrement ce lieu de promenade qu'elle aimait faire partager à ses invités. Près du magnifique étang de Saint-Cucufa, elle fit installer une bergerie et une étable dans laquelle elle fit venir des vaches de Suisse. À sa mort, la forêt subit un fort déboisement que fit stopper Napoléon III. En 1870 et 1871, elle fut le siège des assauts acharnés des tirailleurs du capitaine de Nisme contre les prussiens retranchés derrière le mur de Buzenval. Elle devint domaniale en 1871 et est gérée aujourd'hui par l'ONF.

ÉTANG DE SAINT-CUCUFA / PHOTO C.I.

GR® 2

ENVIRONNEMENT
La Seine dans les Yvelines

L'ÉTANG DE L'ÉPINOCHE (PARC DE LA BOUCLE DE MONTESSON) / PHOTO J.-P.J.

Le nord du département est traversé d'est en ouest par la Seine. Sa faible pente a produit des méandres marqués comme les boucles de Montesson et de Moisson.
La Seine a toujours été un fleuve animé, sa vallée fut occupée dès le début de la préhistoire.
Naviguée dès les époques les plus reculées, elle fut d'ailleurs utilisée par les Vikings lors de leurs incursions aux IXe et Xe siècles.

Au Moyen Âge, les paysages de la vallée étaient fortement marqués par la culture de la vigne, dont le vin était acheminé vers Paris, par la voie d'eau.
La proximité de la capitale favorisa le transport de divers types de marchandises : produits de l'élevage normand, extraction des matériaux du sous-sol,…
Le fleuve connut une extrême célébrité au XIXe siècle lorsque les premiers « touristes » découvrirent ses rives et que l'école impressionniste le prit comme motif de Bougival à Bonnières.
De nos jours, la vallée de la Seine est valorisée au travers du plan départemental « Yvelines Seine » par des actions concrètes telle que le soutien à l'aménagement et à la valorisation des bords de Seine, la création d'un chemin de Seine pédestre et cyclable ainsi que des passerelles et des bacs, l'aménagement d'un parc paysager à Carrières-sous-Poissy.

LA SEINE À VILLENNES / PHOTO J.-P.J.

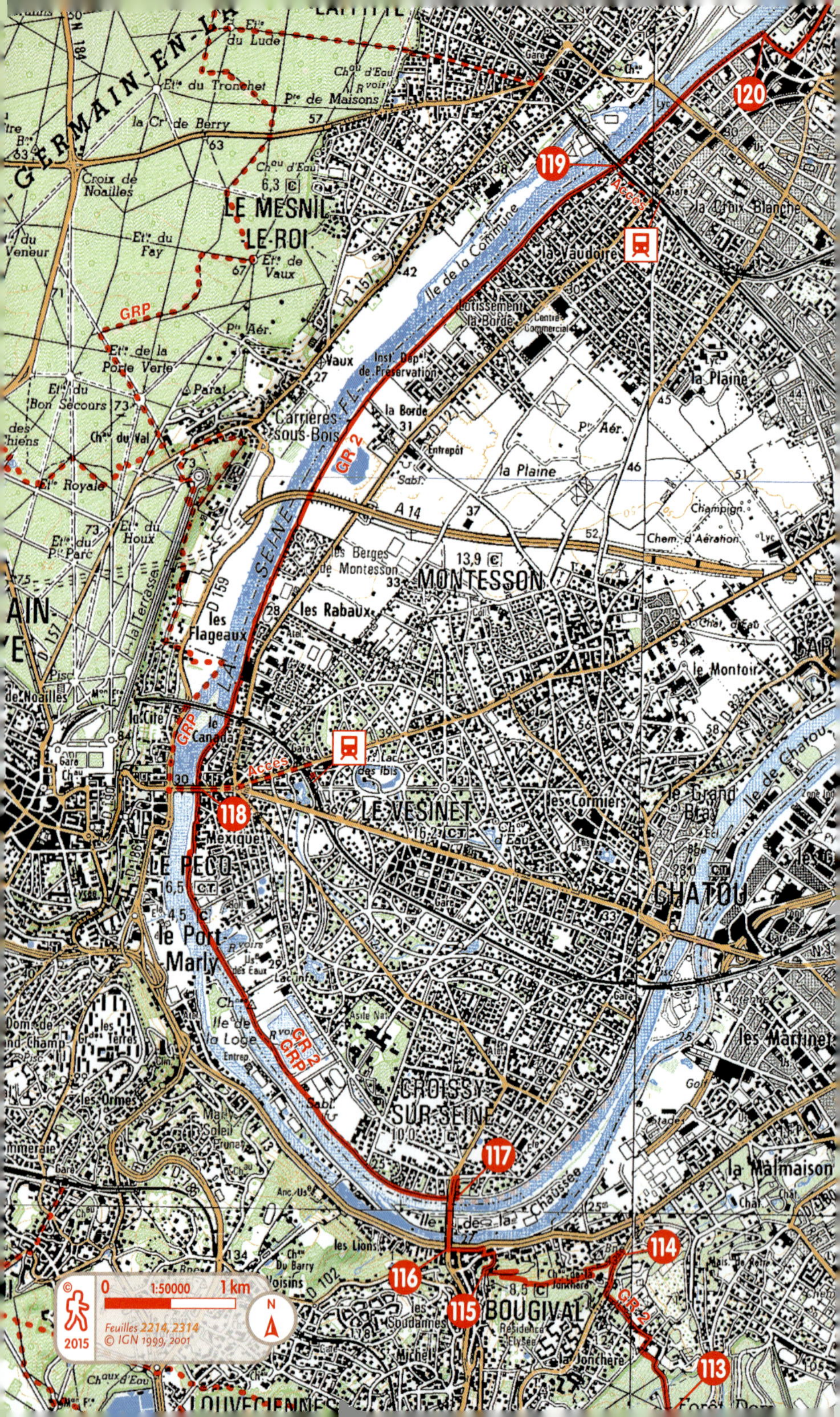

120
119
Accès
118
Accès
117
116
115
114
113
GR 2
GRP
GR 2
GRP
LE MESNIL-LE-ROI
Carrières-sous-Bois
MONTESSON
LE VÉSINET
LE PECQ
le Port-Marly
CROISSY-SUR-SEINE
CHATOU
BOUGIVAL
LOUVECIENNES
la Vaudoire
la Croix Blanche
la Plaine
les Rabaux
les Flageaux
les Cormiers
le Montoir
les Martinets
la Malmaison
Ile de la Commune
Ile de la Loge
Ile de la Chaussée
Ile de Chatou
LA SEINE
A 14
0
1:50000
1 km
N
2015
Feuilles 2214, 2314
© IGN 1999, 2001

Du pont de Bougival au pont du Pecq — 4,7 km — 1 h 10

À Bougival >

116 Traverser le pont, franchir l'île de la Chaussée et, au rond-point, tourner à droite dans le square. De l'autre côté, rejoindre les berges de Seine.

117 Suivre le quai à droite, puis le chemin de halage et parvenir au pont du Pecq.

👁 > Sur la rive gauche, conduites d'eau de la machine de Marly et pavillon de musique de la comtesse du Barry, néo-classique, conçu en 1771 par Claude-Nicolas Ledoux. Il domine la vallée de la Seine.

Pour alimenter les bassins des parcs des châteaux de Marly et de Versailles, Louis XIV émit le désir de faire remonter l'eau de la Seine. Pour l'élever de 160 mètres, 14 roues à aubes de 12 mètres de diamètre furent installées sur un bras du fleuve. Elles actionnaient 259 pompes, les unes aspirant l'eau, les autres, réparties sur plusieurs niveaux, l'élevaient, par paliers, jusqu'à l'aqueduc. La mise en marche eu lieu le 13 juin 1684, en présence de Louis XIV.
Pendant plus de cent ans, l'ensemble fonctionna tant bien que mal. Il fut remplacé en 1827 par une machine à vapeur, puis, en 1859, par un nouveau modèle de machine hydraulique. La Machine de Marly ne fut définitivement détruite qu'en 1968.

Du pont du Pecq à Sartrouville — 5,8 km — 1 h 25

Au Pecq > (RER A à 1 km)

Hors GR® > pour Saint-Germain-en-Laye — 1,4 km — 25 min
Franchir le pont, continuer par la D 190 du côté droit, puis gravir les escaliers qui mènent à la rue Thiers, au centre-ville, au parc et au château. [👁 > Château Renaissance (ancienne résidence royale) abritant le musée d'Archéologie nationale].

118 Passer sous le pont du Pecq puis, 600 m après, sous le pont du RER. La route s'interrompt et laisse la place au chemin de halage.

👁 > Sur la rive gauche, terrasse de Saint-Germain-en-Laye conçue par Le Nôtre et réalisée par Jacques Hardouin-Mansart, de 1669 à 1675. Elle s'étend sur 2 km et domine la Seine de 62 m.

Après le passage sous le pont de l'A 14, longer le parc de la Boucle de Montesson.

👁 > Le parc départemental de la Boucle de Montesson, aménagé par le Conseil départemental des Yvelines dans l'ancien domaine de la Borde, s'étend sur 130 ha et comprend deux parties : le domaine de la Borde, jardin public de 2 ha qui reprend l'ancien dessin d'un jardin romantique (collection d'arbres et de plantes vivaces) et l'étang de l'Épinoche sur 17 ha (ancienne sablière) répertoriée Zone Naturelle d'Intérêt Écologique, Faunistique et Floristique (130 espèces d'oiseaux).

Par le quai George-Sand à Montesson, puis le quai du Pecq à Sartrouville, gagner le pont du chemin de fer.

Hors GR® > pour la gare de Sartrouville — 0,4 km — 10 min
Avant le pont, prendre la rue Robert-Berthelot à droite. [👁 > Église Saint-Martin (nef XIIe-XIIe, flèche de pierre XVe)].

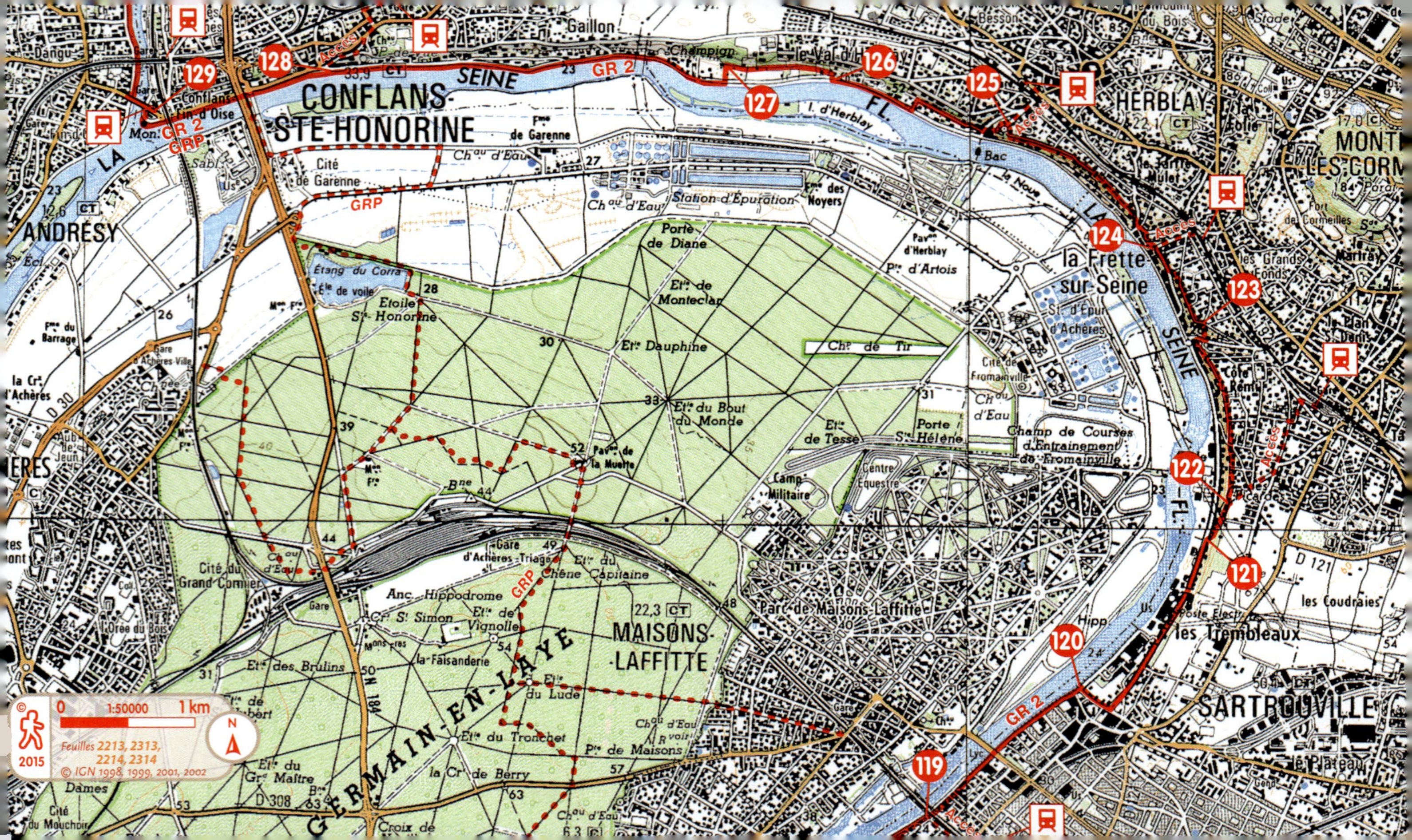

CONFLANS-STE-HONORINE
SEINE
GR 2
GRP
Accès
Gaillon
Champign
le Val d'Herblay
I. d'Herblay
FL.
HERBLAY
Bac
la Noue
LA SEINE
la Frette sur Seine
Pav. d'Herblay
P. d'Artois
Fme de Garenne
Cité de Garenne
Ch. d'Eau
Station d'Epuration
Fme des Noyers
Porte de Diane
Et. de Monteclar
Et. Dauphine
Ch. de Tir
Et. du Bout du Monde
Etang du Corra
Etoile St. Honorine
ANDRESY
LA
la Cr. d'Achères
Fme du Barrage
Gare d'Achères Ville
Pav. de la Muette
Et. de Tesse
Porte St. Hélène
Centre Equestre
Camp Militaire
Champ de Courses d'Entrainement de Fromainville
Cité de Fromainville
St. d'Epur. d'Achères
MONT LES CORM
Fort de Cormeilles
les Grands Fonds
Cité du Grand Cormier
Gare d'Achères Triage
Et. du Chêne Capitaine
Anc. Hippodrome
Cr. St. Simon
Et. de Vignolle
la Faisanderie
Et. des Brulins
MAISONS-LAFFITTE
Parc de Maisons-Laffitte
GERMAIN-EN-LAYE
Et. du Lude
Et. du Tronchet
P. de Maisons
la Cr. de Berry
Et. du Gr. Maître
Croix de
Dames
Cité du Mouchoir
les Coudraies
les Trembleaux
SARTROUVILLE
Hipp.
D 121
D 30
D 308
N 184
119
120
121
122
123
124
125
126
127
128
129
0
1:50000
1 km
N
2015
Feuilles 2213, 2313, 2214, 2314
© IGN 1998, 1999, 2001, 2002

De Sartrouville aux Picardes   3,6 km   55 min

À Sartrouville >

119 Continuer le long de la Seine [👁 > Sur la rive gauche, château de Maisons-Laffitte, construit à partir de 1640 par François Mansart, pour René de Longueil (futur surintendant des finances de Louis XIV)]. Passer sous le pont routier (D 308) et poursuivre par le quai de Seine.

120 Au bout, prendre la rue Guy-de-Maupassant à droite, puis la rue de La Frette à gauche et continuer par la route de Seine en bordure de l'usine Lafarge.

121 Monter à droite par le chemin de la Mardelle en sous-bois. En haut de la côte, déboucher sur le plateau des Picardes.

Des Picardes à La Frette – Montigny   2,2 km   35 min

Accès > pour la gare de Cormeilles-en-Parisis   1,2 km   20 min
Voir tracé sur la carte.

122 Prendre à gauche la sente de la Côte-du-Bras-de-Paris en balcon sur la vallée de la Seine [👁 > point de vue]. Poursuivre par la sente des Verjus, descendre la rampe du Beau-site, traverser la rue Pasteur et continuer en face par la rue du Vieux-Cimetière.

123 En haut, emprunter la rue Aristide-Briand à gauche, la sente du Haut-de-la-Côte-du-Village à gauche et la rue à gauche. Monter par la rue de la Gare.

De La Frette – Montigny à Herblay   1,6 km   25 min

Accès > pour la gare de La Frette – Montigny   400 m   5 min
Voir tracé sur la carte.

124 Descendre à gauche la sente de la Grande-Côte, la rue de la Grande-Côte et prendre la rue Jean-Lefebvre à gauche. Monter la rue Gambetta à droite sur 40 m, puis s'engager à gauche dans la sente du Haut-des-Côtes-d'Herblay. Continuer tout droit par la rue des Frères-Bolifraud puis par le chemin des Côtes-de-la-Frette. Passer à droite de l'église [👁 > XIIe ; point de vue sur la Seine] et déboucher dans la rue Jean-XXIII.

D'Herblay à Conflans-Sainte-Honorine   5,8 km   1 h 30

Accès > pour la gare d'Herblay   600 m   10 min
Voir tracé sur la carte.

125 Tourner à gauche. Derrière le parking, dévaler à droite le chemin des Écoliers. Prendre la rue du Val à gauche, la rue des Grosses-Eaux à droite et, au bout, l'avenue Allemane à gauche. Longer la Seine à droite par le quai du Génie.

126 Gravir à droite la sente des Côtes-de-Conflans et suivre le chemin des Grosses-Eaux à gauche.

127 Emprunter la rue Mac-Coulla à gauche, longer la Seine à droite et passer devant les carrières. Poursuivre par le quai de Gaillon et, après la halte-patrimoine du port Saint-Nicolas, atteindre la place Fouillère [👁 > dans la vieille ville à droite, tour Montjoie (ancien donjon XIIe), parc du Prieuré et château (musée de la Batellerie, panorama sur la vallée de la Seine) et église Saint-Maclou].

Accès > pour la gare de Conflans-Sainte-Honorine   1 km   15 min
Voir tracé sur la carte.

GR® 2 • De Montereau-Fault-Yonne à Vernon

ÉCONOMIE
Les carrières de calcaire

Le monde souterrain a toujours captivé les populations et excité notre curiosité. Encore peu connue, les carrières de Gaillon sont constituées de galeries tortueuses d'une beauté unique en Île-de-France. Ce réseau s'étend sur une dizaine de kilomètres et sur 200 mètres de profondeur. Les activités d'autrefois menées dans ces souterrains sont liées à l'histoire locale et ont façonné l'identité de la ville : extraction des pierres calcaires au alentour du XIIe siècle jusqu'au début du XXe, puis champignonnières jusqu'en 1980. Les carriers travaillaient environ 12 à 14 heures par jour et devaient extraire une pierre de 1,50 m de côté tous les trois jours. Les outils utilisés étaient essentiellement des lances, pieux et coins. Pour extraire les grosses pierres, ils utilisaient une sorte de treuil appelé « crapaud ». Au début du XXe siècle, la culture du champignon de Paris se substituera à l'extraction des pierres calcaires, selon la méthode des meules puis la culture en sacs.

Carrière de Gaillon, à Herblay / photo Mairie d'Herblay

ÉCONOMIE
Conflans-Sainte-Honorine, capitale de la batellerie

La ville tient son nom de sa situation en amont du confluent de la Seine et de l'Oise et de la présence des reliques de Sainte-Honorine, apportées en 876 par des moines des environs du Havre pour les mettre à l'abri des invasions Viking. À l'origine, village de paysans et de pêcheurs, Conflans tire profit, dès le XIIe siècle, du commerce fluvial par l'établissement d'un droit de péage pour les bateaux en transit. Jusqu'au XIXe siècle, les bateliers transportent principalement des pierres de taille, extraites des carrières locales, destinées à la construction de nombreux monuments parisiens. La batellerie prend son essor avec l'apparition de la machine à vapeur et la canalisation des rivières. En 1855, une chaîne servant au touage est noyée entre Paris et Conflans et en 1863 jusqu'à Rouen. Il s'agit d'une technique où un bateau-treuil s'agrippe à la chaîne pour tracter un train de péniches. Ce système est concurrencé progressivement par les remorqueurs classiques et le touage disparaît en 1931.

Conflans-Sainte-Honorine / photo J.-P.J.

Conflans-Sainte-Honorine devient alors une capitale sociale de la batellerie par ses internats pour les enfants de mariniers et par « l'Entr'aide Sociale Batelière » qui a toujours son siège sur le « Je Sers », église de la paroisse fluviale.

Aujourd'hui Conflans n'est plus le premier port fluvial de France mais son charme est lié à la présence, tout au long du quai, de nombreux bateaux qui logent 200 à 300 personnes, dont beaucoup d'anciens mariniers. Un musée établi dans le château pseudo-renaissance, construit par la famille Gévelot en 1860, évoque tous les aspects de la navigation fluviale.

Conflans-Sainte-Honorine / photo J.-P.J.

JOUY-LE-MOUTIER
Maurecourt
ANDRÉSY
CHANTELOUP-LES-VIGNES
TRIEL-SUR-SEINE
LA SEINE
Glatigny
le Grand Choisy
les Plantins
les Cochevis
la Solitude
le Vast
Bois du Val
les Millières
la Tour du Moulin
les Cailles
les Carreaux
les Côtes de Vannes
Bois de la Gaillasse
Mortemay
Fond du Val
les Groues
les Frécuis
la Ferme aux Fraises
le Fay
les Charvaux
Dangu
Bellefontaine
l'Île-de-France
Ceinture Verte
GRP
GR 2
GR 1
Accès
Gare
Hautil
l'Hautil
Chapelle de l'Hautil
Bois des Deux Amants
Carrefour des Deux Amants
Observatoire astronomique
Château de la Tour
Poney-club
Bois Roger
Mareilles
les Echenets
Carrefour de la Gueule Rouge
Stèle
la Barbannerie
Bois de Hautil
Carrefour Corneille
Carrefour des Picardes
Forêt Domaniale de l'Hautil
Place de la Chapelle St-Jean
les Chariots
Cheverchemont
les Fontenelles
les Epinettes
Côtes Blanches
la Justice
les Beaunes
les Fontaines
les Epargnes
les Aubaines
Pissefontaine
Butte des Bazins
la Croix St-Marc
la Noë
la Daurade
les Feucherets
les Châtelets
la Grande Île
Pont Chèvres
la Mare aux Canes
les Grosses Pierres
les Hautes Plaines
l'Île du Devant
Nancy
Fin d'Oise
Ferme du Barrage
129
130
131
132
133
134
135
136
137
0 1:30000 600 m
(1:25000 réduit)
2015
Feuilles 2313 OT, 2214 ET
© IGN 2010
N

De Conflans-Sainte-Honorine au pont de Conflans — 1,8 km — 25 min

À Conflans-Sainte-Honorine >

128 Poursuivre le long de la Seine. Passer le bateau-chapelle « Je sers » [👁 > chaland en béton construit en 1919 pour acheminer le charbon anglais à la fin de la Première Guerre mondiale et acheté, en 1936, par l'Entraide sociale batelière pour devenir le siège de l'Aumônerie nationale de la Batellerie]. Laisser la passerelle [👁 > vue sur Conflans] et arriver au Pointil [👁 > confluent de l'Oise et de la Seine]. Remonter l'Oise à droite, passer sous le pont de Conflans et tourner à droite [> accès à la gare de Conflans-Fin-d'Oise à 100 m].

Du pont de Conflans à Andrésy — 1,7 km — 25 min

129 Franchir le pont de Conflans sur l'Oise, descendre à droite et passer sous le pont pour longer l'Oise puis la Seine. Passer la mairie d'Andrésy et l'espace Julien Green.

D'Andrésy à Chanteloup-les-Vignes — 3,7 km — 55 min

À Andrésy >

130 Monter la sente à droite, puis suivre à gauche la rue de l'Église [👁 > XIIIe-XVIe]. Emprunter la rue des Courcieux à droite et l'impasse des Barils à droite. Au bout, près de la voie ferrée, arriver au pied d'un escalier.

> **Accès > pour la gare d'Andrésy** — 1 km — 15 min
> Continuer à gauche *(voir tracé en tirets sur la carte)*.

131 Monter l'escalier à droite, passer le cimetière [👁 > croix mérovingienne, vue sur la Seine] et franchir les voies à gauche. Prendre l'avenue des Coutayes à gauche, la rue des Barils à droite et la sente des Barils. Emprunter la D 55 à droite jusqu'à la table d'orientation [👁 > panorama].

132 Traverser la D 55 et revenir sur ses pas pour gravir le chemin à droite. Prendre la rue à droite, la rue à gauche et, devant la maison de retraite, la rue des Coteaux à gauche.

133 Descendre à gauche la sente des Beaunes. Elle vire à droite. Continuer par le chemin en face, passer le long des vignes, couper la rue et poursuivre par le sentier des Fontaines. Prendre la rue du Chapitre à gauche, la rue de l'Abreuvoir et gagner à gauche l'église [👁 > XVIe] de Chanteloup-les-Vignes.

De Chanteloup-les-Vignes à Triel-sur-Seine — 2,3 km — 40 min

À Chanteloup-les-Vignes > *(à 1,3 km)*

134 Prendre la rue de Pissefontaine à droite, la rue des Marais à droite et la Grande Sente des Marais à gauche. Laisser à gauche la rue de la Source, le chemin à gauche et bifurquer sur le sentier à droite. Monter à droite l'avenue de la Forêt.

135 Après l'allée Georges-Bizet, monter l'escalier à droite et suivre la rue à gauche. Continuer par le chemin puis par la rue à droite. Dévaler à gauche la rue Octave-Mirbeau. En bas, prendre la rue de l'Hautil à gauche sur 15 m.

> **Accès > pour la gare de Triel-sur-Seine** — 500 m — 10 min
> Voir tracé sur la carte.

MENUCOURT
COURDIMANCHE
Boisemont
JOUY-LE-MOUTIER
Tessancourt-sur-Aubette
Évecquemont
MEULAN
Vaux-sur-Seine
LES MUREAUX
VERNEUIL-SUR-SEINE
TRIEL-SUR-SEINE
FORÊT DOMANIALE DE L'HAUTIL
Bois de l'Hautil
B. de Vaux
Bois de Verneuil
LA SEINE
Aérodrome des Mureaux
Base de Plein air et de Loisirs du Val de Seine
Étang du Rouillard
Étang de la Grosse Pierre
GR 1
GR 2
GRP
Accès
134
135
136
137
138
139
140
141
142
143
144
145
146
147
1:50000
1 km
Feuille 2213
© IGN 2002
2015

De Triel-sur-Seine à Vaux-sur-Seine — 5 km — 1 h 15

À Triel-sur-Seine >

> Église Saint-Martin dont le chœur repose sur une voûte qui enjambe l'ancien chemin du Roi.

136 Traverser à droite la place des Marronniers et déboucher dans la rue Galande [> jonction avec le GR® 1 qui arrive à gauche ; à droite, les GR® sont communs jusqu'à La Marêche]. Monter à droite la rue des Bois.

137 Prendre à gauche la Grande Sente de Beauregard. Après la descente, s'engager à droite sur le chemin des Mareilles. Il traverse le coteau puis descend à gauche.

138 Au carrefour en T, prendre le chemin à droite, en balcon sur la vallée de la Seine. Dans la descente vers Vaux-sur-Seine, obliquer sur le sentier à gauche et poursuivre par la rue du Bel-Air qui mène au pied du pont de la voie ferrée.

139 Emprunter la rue du Temple à droite, le boulevard Angibout à gauche et arriver à la gare de Vaux-sur-Seine.

> La Martinière XIXe, château XVe, église Saint-Pierre-ès-Liens.

De Vaux-sur-Seine à Évecquemont — 2,7 km — 45 min

À Vaux-sur-Seine >

140 Monter à droite la sente Quiète. En haut de l'escalier, suivre la rue à droite, puis gravir à gauche le chemin des Jeunes-Plantes.

141 Tourner à gauche chemin des Fortes-Terres, traverser la D 17 et continuer par le chemin du Plant-de-Forvache.

142 Au bout, prendre la rue à gauche, couper la route et continuer par le chemin du Bois-Bouillon. À la bifurcation dans le bois, obliquer à gauche, entrer dans Évecquemont et gagner l'église [> XIIIe-XVIe, porche Renaissance, chapiteaux XIIIe-XVIe].

D'Évecquemont à La Marêche — 1,7 km — 25 min

143 Continuer dans la même direction, passer le cimetière et, dans le virage à gauche, utiliser le sentier en face. Traverser la D 922 et poursuivre par le chemin en face.

144 À l'endroit où le chemin amorce la descente vers la droite, en vue d'un réservoir, dévaler le sentier à gauche et déboucher sur une route, à l'entrée de La Marêche [> accès à la gare de Meulan décrit en sens inverse].

Accès > depuis la gare de Meulan-Hardricourt — 2,8 km — 40 min

De la gare, descendre à gauche, emprunter le boulevard Carnot à gauche et la rue Georges-Clémenceau. Monter la rue de la Chaîne, la côte Saint-Nicolas à gauche, contourner l'église [> XIIe] par la gauche et prendre la rue des Carrières. Continuer par la route de Pontoise et, au rond-point, par la rue du Clos-Villiers. Au bout, utiliser le passage souterrain piéton sous la D 922. Suivre la route de Meulan à droite, laisser à gauche le chemin des Petites-Fontaines et gagner tout droit le carrefour, à l'entrée de La Marêche [> jonction avec le GR® 2].

GASTRONOMIE
LE NOYAU DE POISSY

La ville natale de Saint-Louis possède un riche patrimoine : la collégiale Notre-Dame, l'enclos de l'abbaye, son vieux pont et la villa Savoye, construite par Le Corbusier, mais abrite aussi la dernière distillerie aux méthodes artisanales d'Île-de-France.

On raconte que dès la fin du XVIIe siècle, une aubergiste eu l'idée de faire macérer des noyaux d'abricots dans de l'eau de vie, créant ainsi la liqueur portant le nom de « Noyau de Poissy ».

Au XVIIIe siècle, elle était appréciée par les nombreux vendeurs et acheteurs du marché aux bestiaux.

En 1826, la duchesse de Berry, belle-fille de Charles X, récompensa la liqueur, pour sa qualité, par un gobelet d'argent, d'où son nom « noyau de Poissy au gobelet d'argent ».

Au début du XXe siècle, une vive concurrence naquit entre deux distillateurs Dumont et Duval qui se termina, en 1954, par la cession du commerce de la famille Dumont à Duval qui se retrouva ainsi propriétaire de deux liqueurs.

En 1999, la société Pagès Védrenne succéda à la famille Duval.

Les deux liqueurs sont élaborées à base d'amandons de noyaux d'abricots.

La liqueur « Gobelet d'argent » offre un parfum et une saveur d'amande douce, aux notes légèrement boisées finement vanillées.

Le Noyau de Poissy « Sceau de Saint-Louis » possède une saveur d'amande frangipane et de fleur d'oranger.

Il ne vous reste plus qu'à vous rendre au 105 rue du Général de Gaulle, à Poissy (http://www.noyaudepoissy.com/) pour effectuer une visite guidée de la distillerie et déguster, bien entendu avec modération, ses célèbres liqueurs.

COLLÉGIALE DE POISSY / PHOTO G.B.

GR® 2

ENVIRONNEMENT
LE PARC NATUREL RÉGIONAL DU VEXIN FRANÇAIS

L'AUBETTE À TESSANCOURT / PHOTO J.-P.J.

VALLÉE DE L'EPTE / PHOTO J.-P.J.

Le Parc créé en 1995 est situé au nord-ouest de l'Île-de-France et constitue une entité géographique et historique bien marquée
Le Vexin est un vaste plateau calcaire ondulé, surmonté de buttes boisées et ceinturé de rivières : la Seine au sud, l'Oise à l'est et l'Epte à l'ouest. Il est de plus entaillé de plusieurs vallées.
Les principaux milieux rencontrés sont :
- les coteaux calcaires qui constituent un paysage typique de la vallée de la Seine
- les milieux humides comme les vallées de l'Epte, de la Viosne, du Sausseron ou de la Montcient
- les zones boisées (10 000 ha environ).
Le GR® 2 traverse sa partie sud de Vaux-sur-Seine à La Roche-Guyon, par un parcours vallonné qui recoupe de petites rivières affluents de la Seine, puis ensuite, entre Vétheuil et La Roche-Guyon par un chemin de crête qui offre un beau panorama sur la vallée de la Seine. Les villages traversés ont gardé leur caractère rural : Tessancourt-sur-Aubette, Oinville-sur-Montcient, La Roche-Guyon,… , et le Parc y a créé des itinéraires de découverte du patrimoine (téléchargeables sur son site).

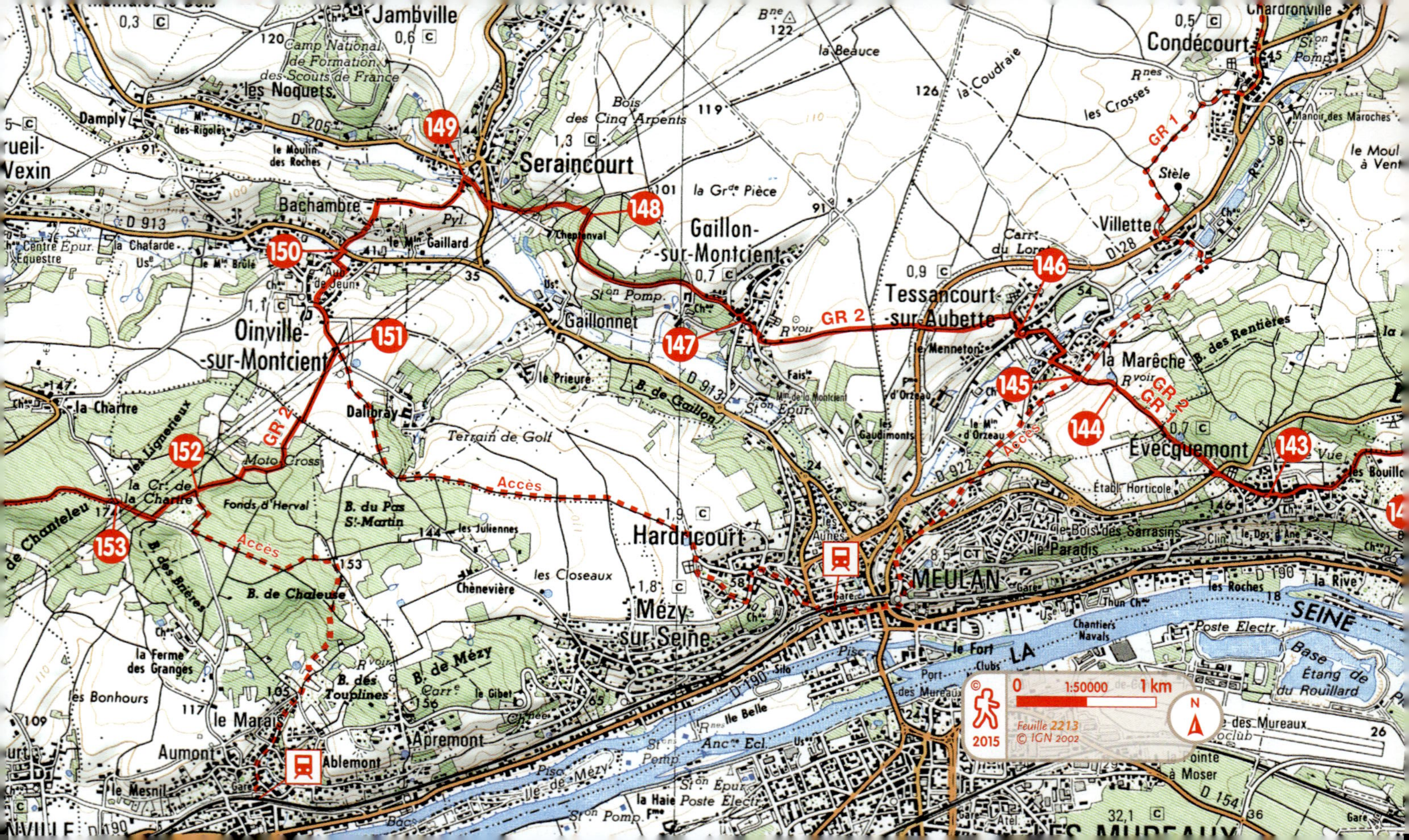

Jambville
Camp National de Formation des Scouts de France
les Noquets
Damply
Seraincourt
Bachambre
Gaillon-sur-Montcient
Tessancourt-sur-Aubette
Condécourt
Villette
Stèle
GR 1
GR 2
Oinville-sur-Montcient
Gaillonnet
la Marêche
Évecquemont
Dalibray
Terrain de Golf
Accès
Hardricourt
MEULAN
Mézy-sur-Seine
la Chartre
Apremont
Aumont
le Marais
Ablemont
LA SEINE
les Mureaux
Base Étang de du Rouillard
143
144
145
146
147
148
149
150
151
152
153
1:50000
1 km
Feuille 2213
© IGN 2002
© 2015

De La Marêche à Tessancourt-sur-Aubette — 900 m — 15 min

145 Descendre en face par la rue des Prés-aux-Loups, prendre la rue de La Marêche à droite et la rue du Moulin-Brûlé à gauche. Elle monte à gauche. Contourner l'église [XIIe] de Tessancourt par la gauche.

De Tessancourt-sur-Aubette à Gaillon-sur-Montcient — 2,3 km — 35 min

146 Gravir à gauche le chemin de Gaillon, monter par le chemin à gauche et atteindre le plateau. Franchir le pont qui enjambe la D 28, continuer tout droit entre les champs et descendre vers Gaillon. Tourner à gauche puis à droite pour gagner l'église [XIIe].

De Gaillon-sur-Montcient à Oinville-sur-Montcient — 4,1 km — 1 h

147 Poursuivre à droite par la Grande Rue, puis à gauche par la rue de la Cavée. Lorsque la route monte à droite, continuer tout droit par le sentier en balcon. Prendre le chemin à droite, entre deux clôtures.

148 Au bout de la clôture, dévaler le chemin à gauche. En bas, continuer par le chemin en face et arriver dans la vallée de la Bernon, à l'entrée de Seraincourt. Prendre la D 43 à gauche sur 30 m et la petite route à droite, en bordure du ruisseau, jusqu'au croisement.

👁 > À droite, à 150 m, église de Seraincourt (clocher roman, l'un des plus anciens du Vexin).

149 Monter à gauche par le chemin de la Roue-Sèche sur le plateau. Laisser le chemin à gauche, continuer par le chemin de crête sur 500 m, puis descendre par le chemin à gauche à Oinville-sur-Montcient.

D'Oinville-sur-Montcient à la croisée des Closeaux — 1 km — 15 min

À Oinville-sur-Montcient > 🛒 ✂ ☕

👁 > Église Saint-Séverin en haut du village, lavoirs, anciens moulins.

150 Traverser la D 913 et monter par la rue de Gournay. Après la mairie, utiliser à gauche le chemin des Moines et gravir à droite la coulée verte. Suivre à gauche la rue de l'Église, monter à droite par la rue Mathurine puis, tout droit, par le chemin creux. Déboucher en haut du plateau et arriver à une intersection sous les lignes à haute tension [> accès à la gare de Meulan décrit en sens inverse].

Accès > depuis la gare de Meulan-Hardricourt — 5 km — 1 h 15

De la gare, descendre à droite, passer sous la voie ferrée et monter par la rue à gauche. Continuer par la rue à gauche du monument aux morts et contourner l'église d'Hardricourt par la droite. Prendre la rue à gauche. Devant le château, tourner à droite, rester à droite, virer à droite et passer le cimetière. Emprunter la rue à gauche et le chemin à gauche. Il traverse le plateau. Poursuivre en lisière du bois, dans le bois, puis à nouveau en lisière sur 80 m. Entrer à droite dans le bois, retrouver les champs et atteindre un réservoir d'eau. Rester sur le chemin à gauche et gagner la croisée des chemins des Closeaux, sous les lignes à haute tension [> jonction avec le GR®2].

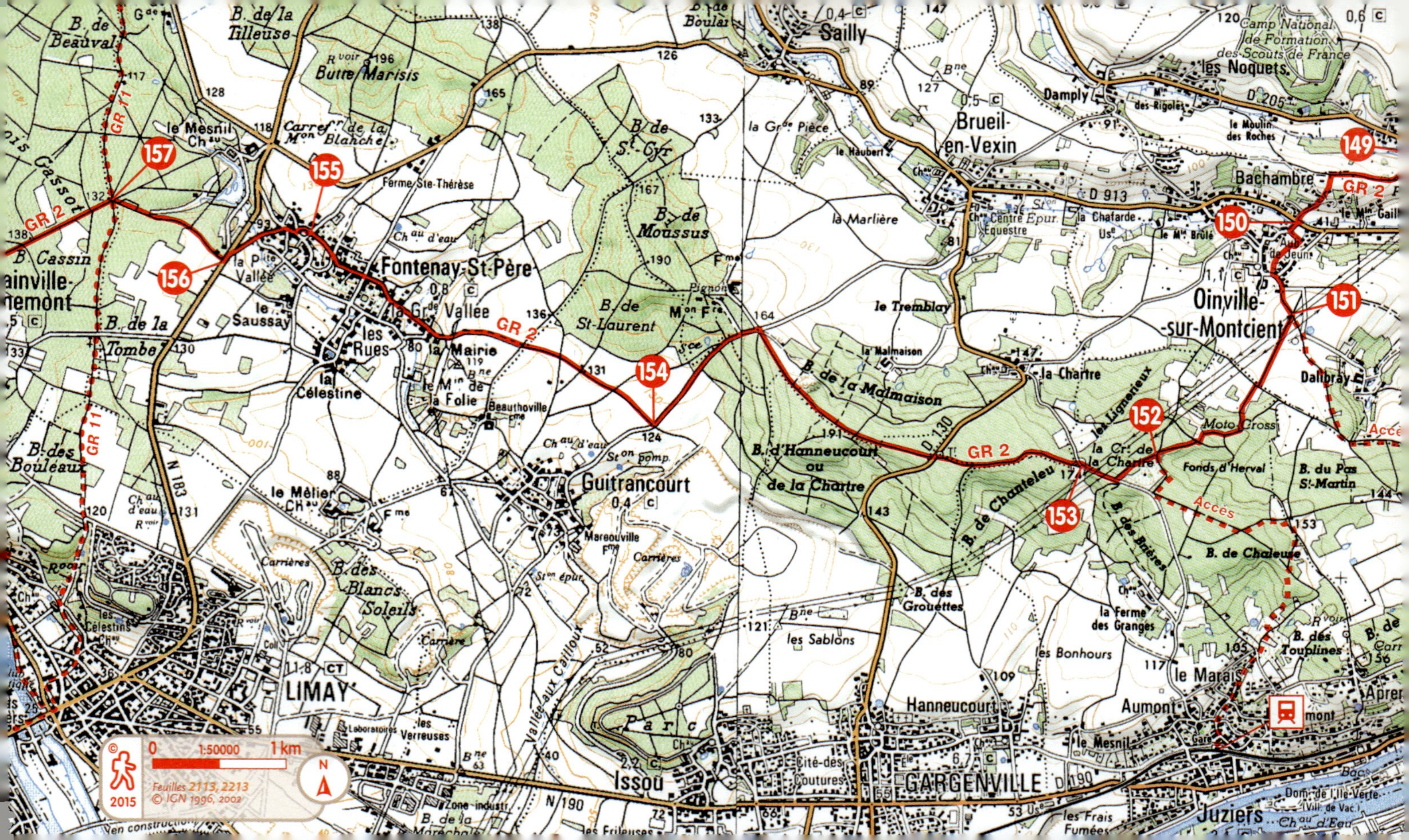
Fontenay-St-Père
Oinville-sur-Montcient
Brueil-en-Vexin
Sailly
Guitrancourt
Gargenville
Limay
Issou
Juziers
Hanneucourt
Aumont
Bachambre
Damply
les Noquets
Camp National de Formation des Scouts de France
GR 2
GR 11
149
150
151
152
153
154
155
156
157
B. de la Malmaison
B. d'Hanneucourt ou de la Chartre
B. de Chanteleu
B. de St-Laurent
B. de Moussus
B. de St Cyr
Butte Marisis
B. de Chaleuse
B. des Blancs Soleils
le Tremblay
la Chartre
la Marlière
les Rues
la Célestine
le Saussay
le Mélier
le Mesnil
le Marais
les Sablons
Parc
Accès
1:50000
1 km
Feuilles 2113, 2213
© IGN 1996, 2002
2015

De la croisée des Closeaux à l'embranchement de Juziers — 1,7 km — 25 min

151 Prendre le chemin à droite sur 600 m, le chemin à droite sur 20 m, puis le chemin à gauche. Il monte dans le bois. Au carrefour, aller à droite, puis continuer tout droit jusqu'à l'embranchement de Juziers à gauche.

De l'embranchement de Juziers à Fontenay-Saint-Père — 7,8 km — 1 h 55

Accès > depuis la gare de Juziers — 3,6 km — 55 min

> Église, maisons anciennes.

De la gare, monter jusqu'à la place du Général-De-Gaulle, et, à l'extrémité est, emprunter à gauche la rue du Marais. À l'orée d'un bois, suivre le chemin à gauche. Il monte peu après dans le bois. En haut, croiser un chemin, descendre, sortir du bois et rester en lisière. À la corne du bois, monter par le chemin à gauche et continuer dans le bois. En haut, prendre le chemin à droite sur 700 m. Quand il s'approche de la route, virer à droite. Avant la descente, le chemin tourne à gauche et débouche sur un autre chemin.

152 Continuer dans la même direction, puis emprunter la petite route à droite. Elle passe sous les lignes à haute-tension.

153 Prendre le deuxième chemin à gauche. D'abord en lisière, il entre dans le bois et aboutit au pied de la tour-relais. Suivre la D 130 à gauche sur quelques mètres, le chemin à droite sur 1,7 km et la route à gauche sur 1,1 km.

154 S'engager sur le chemin à droite. Il file vers l'ouest et mène à l'entrée de Fontenay-Saint-Père. Continuer par les rues de l'Ancienne-Mairie, de la Mairie et Pasteur avant de parvenir à l'église [> église Saint-Denis (clocher XIIe, nef flamboyante XVIe)].

De Fontenay-Saint-Père au carrefour du Rond-Point — 1,7 km — 25 min

155 Contourner l'église par la droite, continuer par la rue Pasteur, puis descendre à gauche par la rue de Mantes. Elle sort du village puis monte. Suivre la D 983 à gauche sur 50 m.

156 Prendre le chemin à droite. Il longe le mur du parc du château du Mesnil, entre dans le bois Gassot et arrive au carrefour du Rond-Point.

> Croisement avec le GR® 11. À gauche, il vient de Mantes.

Par le GR® 11 > pour Mantes-Station — 6,1 km — 1 h 30

Prendre le chemin à gauche. Couper deux routes et descendre par le chemin de Gisors. Suivre la rue des Moussets à gauche, la rue du Clos-Saint-Marc, la rue des Pavillons à gauche et la rue Nationale. Franchir le pont Neuf qui traverse l'île [> à gauche, pont médiéval] et gagner à gauche la collégiale [> collégiale gothique XIIe-XIIIe]. Par la rue du Cloître-Notre-Dame, la rue de la Sangle à gauche, la rue Maurepas à droite, la rue Sausseuse à gauche, la rue d'Arnouville à gauche, la rue des Martraits à droite, la rue du Chapeau-Rouge à gauche et le boulevard V.-Duhamel à gauche, parvenir à la gare.

163
162
161
160
159
158
157
156
155
Chaudry
Vienne-en-Arthies
les Tilleuls
Lavacourt
Vétheuil
les Millonets
les Haudières
Base de plein air et de loisirs
Cercle de voile
Baignade
B. Curé
Vaulézard
le Parc
St-Cyr-en-Arthies
B. des Ravenelles
les Ravenelles
les Noues
Ile de St-Martin-la-Garenne
FLEUVE
la Villeneuve
St-Martin-la-Garenne
Bois du Chênay
B. des Brosses
la Tilleuse
B. de la Tilleuse
B. de Beauval
Herville
Criquets
la Butte du Hutrel
le Goudray
Club hippique
Bois Gassot
le Mesnil
B. des Guerennes
GR 2
GR 11
B. Cassin
Follainville-Dennemont
la Pte Vallée
B. de la Tombe
la Célestine
les Sablons
Accès
Dennemont
le Maroc
B. des Bouleaux
le Mélier
Ile l'Aumône
Bassin d'aviron
MANTES-LA-JOLIE
Gassicourt
Fourré
Carrières
les Célestins
LIMAY
les Bas Quartiers
les Martraits
Normandie
N 183
D 147
0
1:50000
1 km
N
2015
Feuille 2113
© IGN 1996

Accès par le GR® 11 > de la gare de Mantes-Station — 6,1 km — 1 h 30

Prendre le boulevard V.-Duhamel, la rue du Chapeau-Rouge à droite, la rue des Martraits à droite, la rue d'Arnouville à gauche, la rue Sausseuse à droite, la rue Maurepas à droite. Elle vire à gauche. Suivre la rue de la Sangle à gauche et la rue du Cloître-Notre-Dame à droite pour gagner la collégiale [👁 > gothique XIIe-XIIIe]. Franchir la Seine [👁 > à droite, pont médiéval] et continuer par la rue Nationale. Emprunter à gauche la rue des Pavillons, à droite la rue du Clos-Saint-Marc et par la rue des Moussets. Au château des Moussets, monter par le chemin à droite à travers bois et arriver sur le plateau. Couper deux routes et atteindre le carrefour de chemins du Rond-Point, dans le bois Gassot [> jonction avec le GR® 2].

Du carrefour du Rond-Point à Follainville — 2,1 km — 30 min

157 Prendre le deuxième chemin à gauche (sud-ouest). À l'orée du bois, partir à droite en lisière, descendre par le chemin à gauche et tourner à gauche. Par le chemin des Venises et la rue Jules-Ferry à gauche, gagner l'église [XIVe-XVe-XVIe (bénitier XIIe)] de Follainville, puis descendre à droite la rue Wilson [> accès à la gare de Mantes-Station décrit en sens inverse].

👁 > Croix XVIe, lavoir.

Accès > depuis la gare de Mantes-Station — 7,3 km — 1 h 50

Suivre le GR®11 *(voir l'accès ci-dessus)* pour franchir la Seine, puis longer le fleuve à gauche sur 1,3 km. Prendre le chemin à droite, la D 147 à droite et gravir l'escalier à gauche. Emprunter la rue des Roussettes à droite sur 100 m, monter le chemin à gauche et parcourir la rue à gauche. Au bout, grimper par le sentier à droite et continuer tout droit par le sentier en balcon. Sur le plateau, aux maisons de Follainville, descendre par le chemin des Groux à gauche. Le chemin passe en sous-bois en bordure du plateau. Aux maisons, dévaler le sentier à gauche, traverser la rue des Lavoirs et remonter par la rue Wilson [> jonction avec le GR® 2].

De Follainville à Saint-Martin-la-Garenne — 3,9 km — 1 h

À Follainville >

158 Emprunter à droite la rue Pasteur. À la croix en pierre, descendre par le chemin à gauche. Au bout de 700 m, suivre à droite un chemin de terre en bordure d'un bois qui mène au Coudray. Pour-suivre par la route à gauche et dépasser la croix Maurice.

159 Grimper par le chemin à droite, puis descendre à gauche et, par la rue de la Charielle, arriver à l'église [👁 > clocher roman XIIe] de Saint-Martin-la-Garenne.

PONT MÉDIÉVAL DE LIMAY / PHOTO J.-P.J.

PATRIMOINE
LA COLLÉGIALE DE MANTES

ROSACE DE LA COLLÉGIALE DE MANTES / PHOTO J.-C.C.

Remplaçant un édifice roman, la collégiale a été construite de 1170 à 1220. Elle ressemble à Notre-Dame de Paris par le style et par son élévation sur trois niveaux. C'est une nef simple, encadrée de bas-côtés, sans transept, qui se termine par une abside entourée d'un déambulatoire et de neuf chapelles rayonnantes construites aux XIIIe et XIVe siècles. La façade est percée de trois grands portails sculptés surmontés d'une rosace. Cette disposition s'inspire du modèle de la cathédrale de Laon. Le portail central dédié à la Vierge a été endommagé pendant la Révolution. À l'intérieur, dans le bas-côté sud, la chapelle de Navarre date du milieu du XIVe siècle. Dans le déambulatoire, derrière le chœur, au niveau de la chapelle de la Sainte Vierge, se trouve la rosace du jugement dernier datant de 1223 qui se trouve au revers de la façade de la collégiale. Entre la collégiale et le pont, se dresse sur chaque trottoir une sculpture de chien d'Élisabeth Kanter. Ces sculptures représentent l'emblème de la compagnie d'Arquebuse locale, milice bourgeoise créée, en 1452, par Charles VII. Chaque ville affiliée à la corporation de l'Arquebuse en possédait un : les hiboux à Meulan, les loups à Limay…

LA COLLÉGIALE DE MANTES / PHOTO J.-C.C.

SENTIER EN FORÊT DE ROSNY-SUR-SEINE / PHOTO J.-P.J.

ENVIRONNEMENT

Le site Natura 2000 des boucles de Moisson, Guernes et forêt de Rosny

Le site couvre 6,1 % de la surface Natura 2000 régionale. Son intérêt dans le réseau francilien vient du fait qu'il regroupe une mosaïque de milieux : landes, pelouses, forêts, terres agricoles et zone humides. La forêt de Rosny domine les coteaux de Mantes à Rolleboise et offre de magnifiques points de vue sur les alentours. C'est une vieille forêt qui, au Moyen Âge, appartenait aux seigneurs de Mauvoisin dont certaines communes en ont conservé la référence. Au XVIe siècle, elle fut la propriété de Sully, ministre du roi Henri IV et Seigneur de Rosny. La variété de ses sols est à l'origine de sa richesse botanique. On y trouve de nombreuses espèces d'orchidées. Les boucles de Moisson et de Guernes sont isolées des grands axes de communication et constituent un milieu naturel original, par leur richesse écologique et paysagère. Des décennies d'extraction de granulats ont profondément marqué les milieux naturels. L'intérêt ornithologique de ce territoire est lié à la présence d'oiseaux très diversifiés, en particulier par des oiseaux migrateurs attirés par les plans d'eau et la Seine.

L'Agence des Espaces Verts (AEV) de la région Île-de-France gère plus de 2 000 ha de ce site. L'exemple des étangs de Flicourt, sur les communes de Saint-Martin-la-Garenne et Guernes, illustre son action. Les plans d'eau ont été aménagés pour augmenter le potentiel d'accueil de l'avifaune et créer des milieux botaniques différenciés. Des observatoires et un sentier ont été ouverts pour sensibiliser le public à la nature. Ce site est un maillon essentiel du réseau Natura 2000 longeant la Seine de Paris à la Manche.

Ste-Geneviève-lès-Gasny
Bécherel
Gommecourt
Clachalôze
Tripleval
Jeufosse
Freneuse
Méricourt
le Haut de la Côte
Cité H. Duchesne
Mousseaux-sur-Seine
Sandrancourt
St-Martin-la-Garenne
la Villeneuve
les Noues
Lavacourt
les Tilleuls
Moisson
la Vacherie
la Roche-Guyon
Haute-Isle
Chantemesle
Aérodrome de Mantes-Chérence (Vol à voile)
Chérence
Centre équestre
Île de Haute-Isle
Île de St-Martin-la-Garenne
Base de plein air et de loisirs
Cercle de voile
Baignade
Sablière
B. de Freneuse
Route du Gd Veneur
Route des Chênes
Mon David
FORÊT DE MOISSON
FLEUVE
LA SEINE
le Chalet
les Bretons
le Feucheret
les Haudières
Port des Flots
Port de la Croix
Port au Roi
B. des Sablons
B. des Graviers
B. du Mn à Vent
le Mn de Freneuse
la Butte du Hutrel
Égl. troglodyte
Hors GR
GR 2
Accès
159
160
161
162
163
164
165
166
167
168
169
170
1:50000
0
1 km
N
Feuille 2113
© IGN 1996
© 2015

De Saint-Martin-la-Garenne à Vétheuil   3,7 km   1 h

À Saint-Martin-la-Garenne >

160 Monter la rue à droite et poursuivre par le chemin en sous-bois, à flanc. Continuer par le chemin qui descend. Prendre la route à droite et la D 147 à droite sur 70 m.

161 Descendre à gauche la ruelle du Moulin. Prendre la rue des Fraîches-Femmes à droite, la rue du Talus à gauche et longer la Seine à droite. Emprunter la deuxième rue à droite, gravir l'escalier et atteindre l'église [XIIe] de Vétheuil.

De Vétheuil à La Roche-Guyon   7,4 km   2 h 30

À Vétheuil > (groupe)

162 À la croix, aller à gauche, traverser la place de l'Église, puis monter la rue du Cimetière en face. Près de la croix, gravir à gauche le chemin de Chérence. Poursuivre en bordure du plateau.

163 Longer le terrain d'aviation pour planeurs de Chérence (⚠ > accès interdit) puis à nouveau les champs. Trouver dans le bois le sentier qui débouche face à une maison.

164 Descendre à gauche par le chemin empierré et déboucher sur une route.

Hors GR® > pour Haute-Isle   700 m   10 min

Descendre la rue à gauche. 👁 > Maisons troglodytiques. Église Notre-Dame-de-l'Assomption, toute entière creusée dans le roc en 1670.

165 Dans le virage, prendre à droite le sentier étroit qui monte jusqu'au plateau. Plus loin, il redescend, continue à flanc et passe entre deux clôtures [> départ à droite du GR® de Pays Vallée de l'Epte]. Poursuivre le sentier à flanc.

166 Descendre la route sur 10 m, puis monter le sentier à droite. Il conduit en contrehaut de l'église et du château de la Roche-Guyon [👁 > site exceptionnel]. Dévaler l'escalier qui débouche au pied de l'église [XVe]. Tourner à droite.

De La Roche-Guyon au point de vue   2,7 km   45 min

À La Roche-Guyon >

167 Au château [XVIe-XVIIIe], suivre à droite la D 913, la rue de la Glacière à droite puis la rue à droite. Elle décrit un lacet, passe des vestiges d'habitations troglodytiques et débouche sur la crête. Prendre la D 100 à gauche, couper la D 313 et continuer par le sentier sur 1,4 km jusqu'à la route perpendiculaire [> accès à la gare de Bonnières décrit en sens inverse].

Accès > de la gare de Bonnières-sur-Seine   5,8 km   1 h 30

De la gare, emprunter à gauche le passage souterrain sous les voies. Suivre à gauche la rue du Port, puis la promenade Marie-Guillet, passer sous le pont et y monter par l'escalier. Franchir la Seine et, à Bennecourt, longer le fleuve à droite sur 200 m. Monter à gauche la rue de la Charrière puis la rue du Temple (↩). Avant le carrefour, prendre le chemin à droite sur 1 km, puis bifurquer à gauche. Couper la route, grimper en face, entrer dans le bois, obliquer à droite et continuer en haut des falaises jusqu'à la route perpendiculaire [> jonction avec le GR® 2].

PATRIMOINE
Vétheuil, commune du Vexin Français

Situé dans un méandre de la Seine, le village de Vétheuil se trouve dans le Vexin français, ses maisons s'étagent au flanc du coteau dominant la Seine. Il possède une église du XIIe siècle avec une architecture particulière, notamment son abside de style gothique primitif et ses deux portails de la Renaissance.

Vétheuil a inspiré plusieurs peintres de l'école impressionniste, dont Claude Monet qui y a séjourné de 1878 à 1881. Il y peignit environ 150 de ses œuvres.

Le territoire de la commune est classé en zone naturelle d'intérêt paysager, en ZNIEFF (zone naturelle d'intérêt écologique, faunistique et floristique), en ZICO (zone d'intérêt communautaire pour les oiseaux) et également en site Natura 2000.

Vétheuil possède aussi d'autres éléments du patrimoine comme :
- l'escalier de 50 marches en pierre qui mène à l'église et inscrit à l'inventaire des Monuments historiques.

VÉTHEUIL / PHOTO J.-P.J.

- le calvaire devant le portail sud de l'église, en haut de l'escalier.
- la croix pattée dite « croix de l'Aumône », devant le mur du cimetière
- le lavoir municipal, rue du Moutier – impasse du Lavoir : le bassin se situe au bout de la courte impasse en herbe.
- la Maison de Claude Monet, rue Claude-Monet (propriété privée).

VUE SUR VÉTHEUIL / PHOTO J.-P.J.

PATRIMOINE
LA ROCHE-GUYON

Situé sur la rive droite de la Seine en contrebas du versant du Vexin, La Roche Guyon est réputée pour son ancien château fort, dont il ne reste plus que les ruines du donjon. Elles dominent le château plus moderne, adossé à la falaise, construit au XIIe siècle puis remanié aux XVIe et XVIIIe siècles. François 1er y résida en 1546. Le château passa par la suite aux mains de la famille de La Rochefoucauld : François de La Rochefoucauld y écrivit une partie de ses maximes. Il fit de grands travaux d'aménagement du château : une grande entrée avec un grand escalier, une cour d'honneur, des écuries et deux pavillons neufs, ainsi qu'un petit observatoire. La duchesse d'Enville fit construire un aqueduc de 3,2 km entre Chérence et le château pour alimenter en eau potable la ville.

Après la révolution, les Rohan-Chabot acquirent le domaine. En 1944, au moment du débarquement, il servait de quartier général au maréchal Rommel, ce qui lui valut d'être bombardé.

Le lieu, classé parmi les plus beaux villages français, est devenu au XIXe siécle un centre de villégiature pour de nombreuses personnalités des arts et des lettres.

À voir également : l'ancienne halle du XVIIIe siècle, la fontaine monumentale de Louis XV et les boves qui sont des caves ou des habitations troglodytiques.

LA ROCHE GUYON / PHOTO A.T.

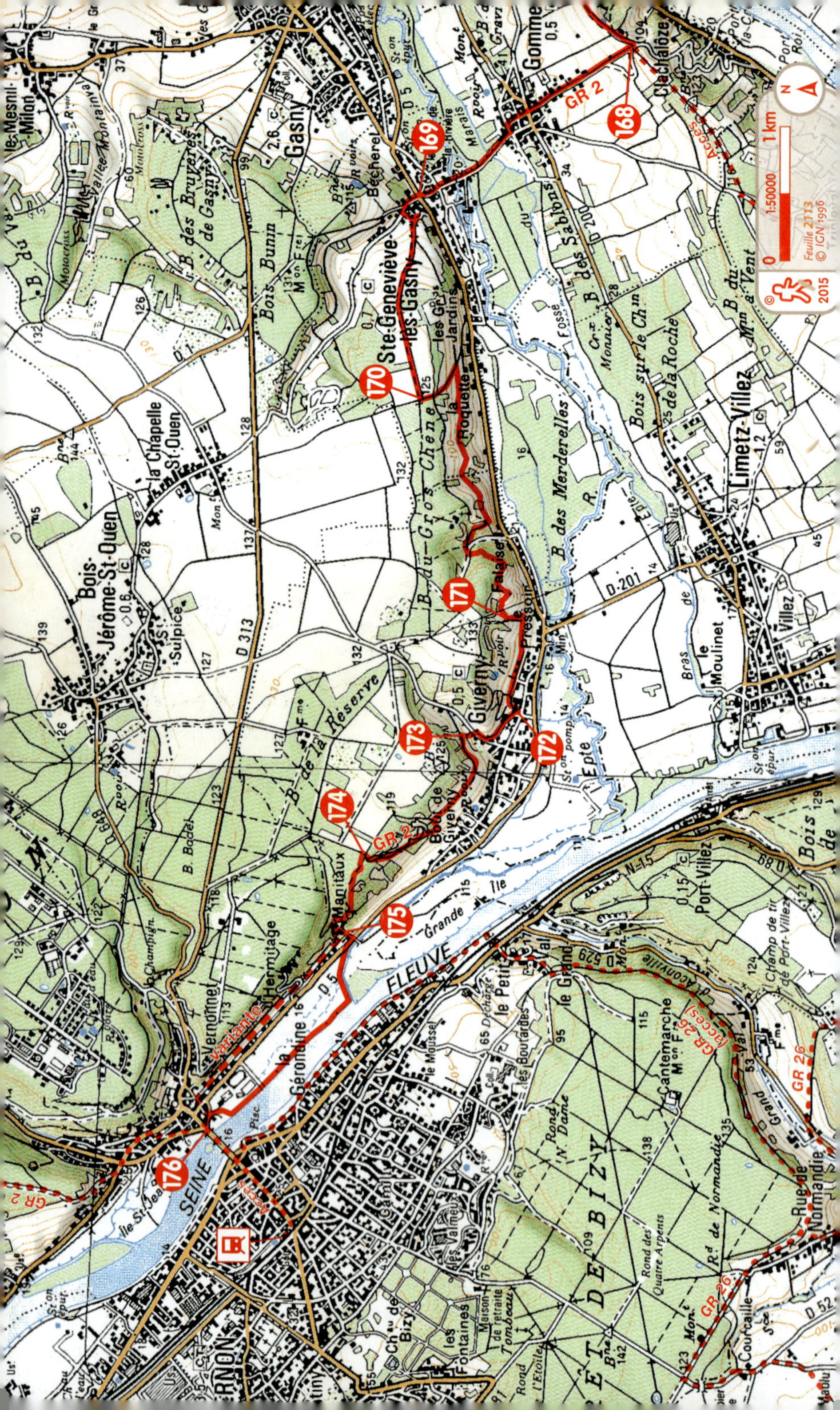

Du point de vue à Sainte-Geneviève-lès-Gasny — 2 km — 30 min

168 Descendre par la route à droite. Traverser Gommecourt. À l'église [XIIIe-XVIe], tourner à gauche, emprunter la rue de l'Eau à droite, franchir la vallée de l'Epte et gagner Sainte-Geneviève-lès-Gasny.

De Sainte-Geneviève-lès-Gasny à Giverny — 5,6 km — 1 h 25

169 Traverser la D 5, continuer par la rue de la Chapelle, puis prendre à gauche la rue de la Vigne-Blanche. Monter par le chemin en épingle à droite, rester à droite et traverser le plateau jusqu'au bois du Gros-Chêne.

170 Dévaler le chemin à gauche. Après la ligne électrique, emprunter à droite le sentier en balcon. Il traverse un bosquet, continue en lisière et descend à flanc dans le bois. Au fond du vallon, croiser un chemin, puis remonter et, toujours à flanc, sortir du bois. Passer sous la ligne à haute tension et atteindre une clôture.

171 Descendre à gauche le long de la clôture sur 130 m, puis prendre le chemin à droite. Continuer tout droit par la rue Hélène-Pillon et arriver dans Giverny.

De Giverny au pont de Vernon — 5,2 km — 1 h 35

À Giverny >

172 Monter à droite par la rue Blanche-Hoschedé-Monet puis par la rue du Grand-Val sur 150 m. Gravir le chemin à gauche.

173 Prendre le chemin à gauche en balcon sur 800 m. Au bout, descendre à gauche sur 80 m puis, aux maisons, remonter par le chemin à droite. Il atteint le plateau près de l'orée du bois.

174 S'engager sur le chemin à gauche. Peu après la croix ruinée, dévaler le sentier abrupt qui tourne à gauche et mène à Manitôt. Aux maisons, tourner à gauche, puis suivre la rue Georges-Carpentier à droite jusqu'à la voie cyclable.

Variante en cas de crue de la Seine
Emprunter la voie cyclable à droite et, à Vernonnet, la rue de la Ravine à gauche et déboucher sur la D 5, avant le pont de Vernon.

175 Traverser la voie cyclable puis la D 5. Longer le bras de Seine et poursuivre le long du fleuve jusqu'au stade. Au bout de la clôture en bois, se diriger à droite, contourner la station de pompage, prendre la D 5 à gauche et parvenir au rond-point de la D 181.

> Le GR® 2 continue, par la rive droite, sa course le long de la Seine vers Rouen puis Le Havre.

Accès > pour la gare de Vernon — 1 km — 15 min

176 Franchir le pont de Vernon et continuer tout droit par la rue d'Albuféra jusqu'à la voie ferrée. Tourner à droite pour rejoindre la gare.

👁 > Collégiale Notre-Dame XIVe (à l'origine de la série des cathédrales de Claude Monet), tour des Archives, musée A. G. Poulain, maisons anciennes XVe.

À Vernon >

ARTS ET LETTRES
GIVERNY, TERRE D'ARTISTES

C'est en se promenant le long de la Seine que Claude Monet fut séduit par cette maison où il vécut de 1883 à 1926. Cette modeste demeure fut agrandie, aménagée et décorée, le verger en partie supprimé et remplacé peu à peu par un jardin simple et rempli de fleurs qui offriront au peintre des thèmes à son inspiration. Monet va peindre à Giverny ses séries les plus connues, captant la lumière fugitive du jour, l'éclairage diversifié des saisons et selon ses propres termes « traduire l'instantanéité, surtout l'enveloppe, la même lumière répandue partout ». C'est dès 1897 que commencera la lente gestation qui aboutira au vaste ensemble décoratif des Nymphéas préparé par des peintures consacrées au site puis au reflet du ciel dans l'eau, créant ainsi un espace quasi illimité. Claude Monet mourut à Giverny le 6 décembre 1926.

La propriété, léguée à l'Académie des Beaux-Arts, est devenue le musée Claude Monet. Dans cet intérieur intime et coloré, est présentée sa précieuse collection d'estampes japonaises. Le vaste atelier des Nymphéas a été restauré et les jardins reconstitués à l'identique offrent au visiteur ce « tableau exécuté à même la nature ». Devant la maison, le Clos normand, au tracé rectiligne, aux voûtes de plantes aériennes entourant d'éblouissants massifs, propose, du printemps à l'automne, la palette changeante d'un peintre-jardinier « fou de fleurs ». Plus bas, le jardin d'eau et son pont japonais, ses glycines, ses azalées, est redevenu cet écrin de ciel et d'eau qui donna naissance à l'univers pictural des Nymphéas.

MAISON DE CLAUDE MONET / PHOTO J.-P.J.

PATRIMOINE
Musée des Impressionnismes de Giverny

Bien qu'il n'ait jamais encouragé d'artistes à le suivre, le village attire rapidement un cercle d'américains désireux de mettre en application des principes impressionnistes au cœur des paysages normands.

Fondé par Daniel J. Terra en 1992, le musée d'art américain Giverny a créé, lors des seize années de son existence, une programmation sans précédent d'expositions, publications, colloques, conférences, résidences d'historiens de l'art et d'artistes, sur le thème de l'art américain. En 2009, un partenariat entre la Terra Foundation for American Art, le Conseil général de l'Eure, de la Seine-Maritime, la région Haute-Normandie, la Communauté d'Agglomération des Portes de l'Eure et la Ville de Vernon, ainsi que le musée d'Orsay, a permis la naissance du Musée des Impressionnismes de Giverny qui remplace le musée d'art américain Giverny. Ce nouveau musée s'attache à étudier l'histoire de l'impressionnisme.

Musée des Impressionnismes à Giverny / photo Musée des Impressionnismes

DAMMARIE-LES-LYS
LE MÉE-SUR-SEINE
Boissise-la-Bertrand
Boissise-le-Roi
Boissettes
Livry-sur-Seine
la Rochette
B. de la Rochette
la Croix St-Jacques
Vosves
Farcy
Villiers-en-Bière
Perthes
Fay
Brolles
Orsonville
Fortoiseau
le Bréau
la Glandée
Valbois
Bois de Notre-Dame
Bois de Mont aux Lièvres
Bois de Livry
Parc de Livry
Bois des Pinceveris
Bois des Bouillons
B. d'Etrangle Veau
Champ de Tir
Carref. du Chêne aux Chiens
Carref. de la Table du Roi
Carref. de l'Epine Foreuse
Carref. du Pin
Carref. de la Mort
Aérodrome
Pièce du Chapeau
la Pioterie
Mare aux Evées
GR 2
GR 1
variante
Accès
N 7
N 372
N 472
N 6
D 142
D 132
D 39
D 64
D 115
D 142E
D 24 E
1:50000
0
1 km
Feuille 2416
© IGN 1998
2015
1
2
3
4
5
6
7
8

Variante de Melun-Sud
De Bois-le-Roi au Coudray-Montceaux

De Bois-le-Roi au parc des Pincevents 5,9 km 1 h 30

À Bois-Le-Roi > (base de loisirs)

Accès > depuis la gare de Bois-le-Roi 900 m 15 min
Sortir de la gare, côté « rue des Sesçois » et descendre la rue. Prendre à gauche l'avenue Paul-Doumer et, juste avant le pont sur la Seine, gagner la berge à gauche [> jonction avec le GR® 2].

1 Du pont de Seine, côté Bois-Le-Roi, suivre la berge vers l'aval sur 3 km jusqu'à une bifurcation.

👁 > Le long du fleuve, sur le coteau, succession de villas, résidences de villégiature construites à la Belle Époque et justement nommées les « Affolantes des Bords de Seine ».

> L'itinéraire principal du GR® 2 continue le long de la Seine (voir pages 38 à 39).

2 Quitter le bord du fleuve et s'engager à gauche sur le chemin de Brolles. La route franchit la voie ferrée et, par la rue du Stade, entre dans La Rochette.

3 Traverser la rue du Rocheton et obliquer en face à droite dans la rue de la Forêt. Au lycée, elle vire à gauche. Suivre à droite l'avenue Jean-Cocteau.

4 Au rond-point des Générations, emprunter le chemin à gauche, puis le suivant encore à gauche et déboucher sur la D 606 [> accès à la gare de Melun par la D 606 à droite].

Du parc des Pincevents à Boissise-le-Roi 7,2 km 1 h 50

Accès > depuis la gare de Melun 1,5 km 20 min
Sortir de la gare, côté rue Séjourne, et la suivre à droite, puis emprunter l'avenue du Général-Leclerc à gauche sur 1,5 km jusqu'au feu, à hauteur du grand parc boisé à gauche [> jonction avec la variante du GR® 2].

5 Traverser la D 606 aux feux et continuer en face par l'avenue de La Rochette. Au rond-point, poursuivre tout droit par la rue Pierre-Curie puis, à gauche, par l'avenue du Maréchal-Foch. À la Mairie, s'engager à droite dans la rue Charles-De-Gaulle et arriver près d'un parc à droite [👁> à 300 m à droite, dans le parc de l'Abbaye, ruines XIIIe de l'abbaye du Lys (abbaye cistercienne fon-dée par la reine Blanche de Castille)].

6 Passer par le parc en longeant la rue du Capitaine-Bernard-de-Poret, puis reprendre cette même rue jusqu'aux feux tricolores. Traverser l'avenue du Lys, poursuivre par la rue Henri-Lours, franchir la voie ferrée et prendre en face la rue des Étangs.

7 Emprunter à gauche le chemin de halage. Passer devant la gare RER de Vosves [> RER D]. Dé-passer le barrage des Vives-Eaux et poursuivre par le sentier qui longe la Seine. Il aborde l'Espace naturel sensible de la Prairie Malécot, à Boissise-le-Roi. Gagner l'embranchement, près de l'aire de pique-nique, entre les deux étangs [> accès, à 250 m, à la gare RER de Boissise-le-Roi, par le chemin à gauche puis la rue du Château].

LOISIRS

Base de loisirs de Bois-le-Roi : aire de détente et tremplin d'exploration

Le passé historique et artistique est particulièrement marqué dans le sud-ouest de la Seine-et-Marne. C'était un lieu de villégiature prisé par les royautés. Elles en appréciaient l'environnement, la proximité de la capitale et la facilité d'accès par la Seine. Des peintres, captivés par sa lumière, ses paysages et la forêt très particulière de Fontainebleau s'y installèrent ensuite pour y travailler.

La base de loisirs de Bois-le-Roi bénéficie de cette situation privilégiée. Aménagée en bordure de Seine, enserrée dans la forêt, elle constitue un espace où activités sportives et de loisirs peuvent se combiner avec la découverte des environs. Diverses formes d'hébergement, pour groupes et familles, permettent des pauses d'une ou plusieurs nuitées quelle que soit la saison.

Entre les randonnées sur les sentiers, au travers des chaos de la forêt ou sur les coteaux de la vallée de la Seine, il est aisé de satisfaire sa curiosité sur les nombreux sites des environs.

Le choix est large et éclectique : châteaux de Fontainebleau, de Vaux-le-Vicomte, de Blandy-les-Tours, lieux de séjours de peintres de renom : Barbizon, Saint-Mammès, Thomery, Moret-sur-Loing, sites d'activités disparues : murs à vignes, exploitation du grès, usines remarquables, édifices culturels : Montereau, Larchant, Melun, etc... et les nombreux musées à thème sur les activités présentes ou passées…

BASE DE BOIS LE ROI – VUE AÉRIENNE / PHOTO J.-P.J.

MACHINE 26 COULEURS LEROY / PHOTO VILLE DE SAINT-FARGEAU-PONTHIERRY

PATRIMOINE
« LES 26 COULEURS », L'ANCIENNE USINE DE PAPIERS-PEINTS LEROY

Après avoir quitté la capitale d'où elle avait lancé sa production de papier-peint en 1842, la famille Leroy installe son site de production à Saint-Fargeau-Ponthierry. Idéalement situé entre la Seine et le chemin de fer, ses bâtiments sont conçus par Paul Friesé, architecte de l'usine Schneider de Champagne-sur-Seine.

De 1914 à 1982, le site produit du papier peint pour la France et l'Europe.

À proximité, Leroy fait construire des logements pour ses ouvriers et ses cadres, sur le modèle paternaliste du début du XXe siècle. Ces cités ouvrières et les pavillons sont encore visibles aujourd'hui.

Dans l'ancienne centrale électrique de l'usine a pris place en 2011 l'espace culturel « Les 26 Couleurs ». Il a été nommé ainsi en référence à la machine emblématique créée par Leroy en 1877, unique exemplaire imprimant des lés avec autant de couleurs en un seul passage.

Ce lieu de mémoire abrite les machines électriques et la machine à imprimer « 26 couleurs », sauvegardées au titre des Monuments Historiques. Il propose au visiteur de découvrir l'histoire de l'usine Leroy, la vie des ouvriers durant cette période, notamment au travers des témoignages vidéos d'anciens salariés de l'usine, et l'évolution des Arts décoratifs en lien avec le papier peint et les différentes techniques d'impression.

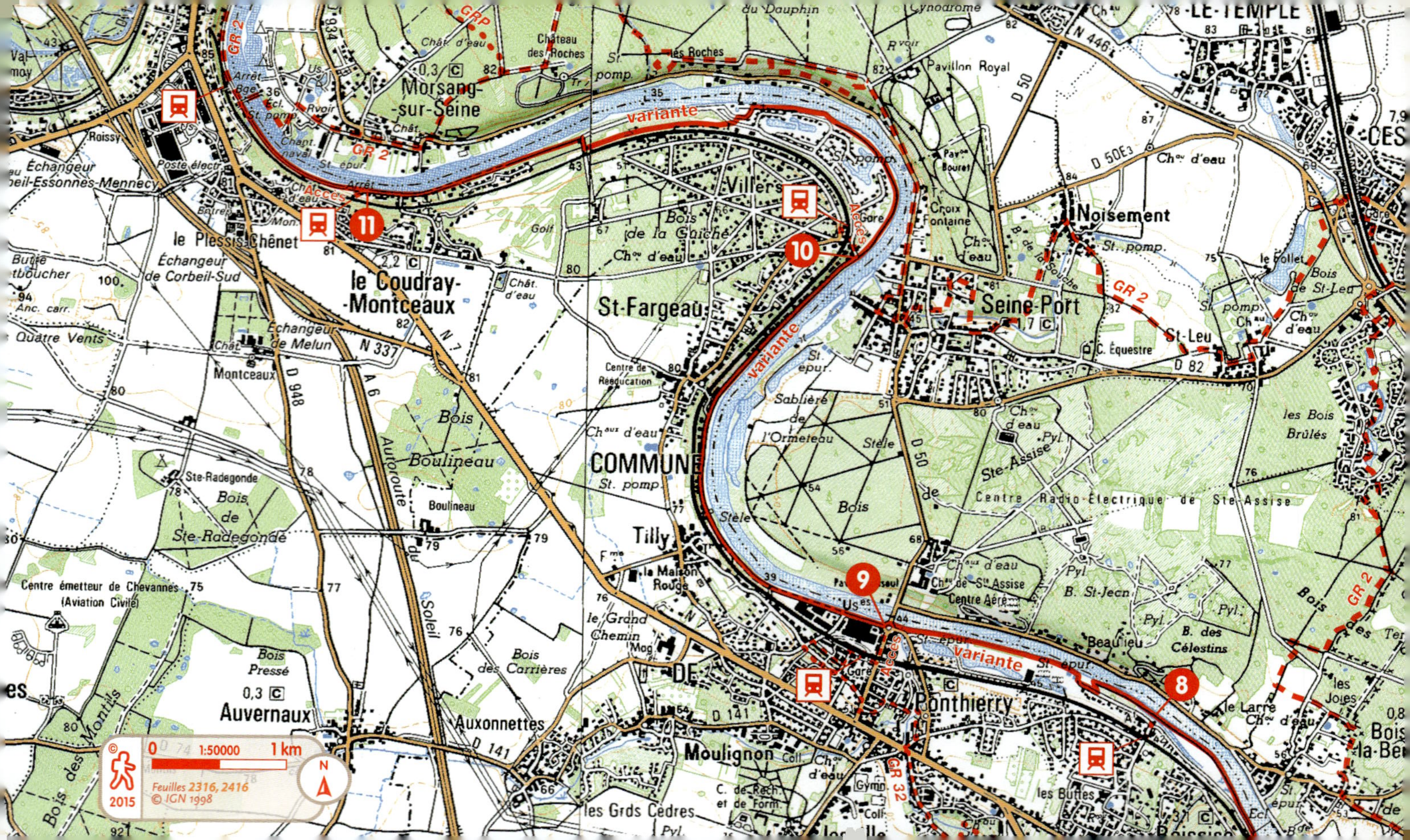

Morsang-sur-Seine
le Plessis-Chênet
le Coudray-Montceaux
St-Fargeau
Villers
Seine-Port
Noisement
St-Leu
Ponthierry
Tilly
Moulignon
Auvernaux
Auxonnettes
Montceaux
COMMUNE
Bois Boulineau
Bois de Ste-Radegonde
Bois de la Guiche
Centre Radio-Électrique de Ste-Assise
Pavillon Royal
les Bois Brûlés
variante
GR 2
GR 32
GRP
Accès
8
9
10
11
Autoroute du Soleil
N 7
N 337
D 948
D 50
0 1:50000 1 km
Feuilles 2316, 2416
© IGN 1998
© 2015
N

De Boissise-le-Roi à Ponthierry — 2,3 km — 35 min

À Boissise-le-Roi >

> Église Saint-Denis XIIIe-XVIe, château XVIe-XIXe (mairie).

Accès> depuis la gare de Boissise-le-Roi — 250 m — 5 min

Du passage à niveau, descendre la rue du Château. En face, franchir le petit pont et rejoindre le bord de la Seine [> jonction avec la variante du GR® 2].

8 Poursuivre sur le sentier en bordure du fleuve. Il décroche à gauche pour revenir ensuite vers la Seine. Franchir le chenal d'accès du port de plaisance sur la passerelle métallique, longer la berge et passer sous le pont du Maréchal-Juin, à Ponthierry [> accès à la gare RER de Ponthierry-Pringy décrit en sens inverse ; > croisement avec le GR® 32].

> À gauche, « les 26 Couleurs », centre culturel et musée installés dans l'ancien site de l'usine de papiers peints Leroy (site majeur de ce type de production jusqu'aux années 1980). Cité ouvrière.

De Ponthierry à Saint-Fargeau — 4 km — 1 h

À Ponthierry >

Accès par le GR® 32 > depuis la gare de Ponthierry-Pringy — 400 m — 8 min

De la gare, prendre à gauche la rue Isidore-Leroy, le passage souterrain à gauche, gagner tout droit le rond-point et emprunter la rue du 11-Novembre à gauche [> jonction avec la variante du GR® 2].

9 Emprunter la rue du 11-Novembre 1918 (⚠ **> prudence**) avant de reprendre le chemin de halage. Passer près de la stèle Patton [👁 > sur le chemin de Paris, le 24 août 1944, la 7ème division blindée conduite par le général Patton a franchi la Seine à ce niveau sur un pont de bateaux, chassant l'armée allemande et libérant la ville] et continuer le long de la Seine sur 2,3 km jusqu'à la rue de Seine [> accès à la gare de Saint-Fargeau par la rue de Seine à gauche].

De Saint-Fargeau au Coudray-Montceaux — 5 km — 1 h 15

À Saint-Fargeau >

Accès > depuis la gare de Saint-Fargeau — 250 m — 5 min

Descendre à droite la rue de Seine jusqu'au fleuve [> jonction avec la variante du GR® 2].

10 Passer devant la deuxième stèle Patton, poursuivre par le chemin jusqu'à la base nautique et la contourner avant de reprendre le bord de Seine sur 1,6 km. Arriver à la hauteur de la gare du Coudray-Montceaux [> accès par la rue de la Gare à gauche].

Du Coudray-Montceaux à l'écluse du Plessis-Chênet — 1,2 km — 20 min

Au Coudray-Montceaux >

Accès > depuis la gare du Coudray-Montceaux — 100 m — 2 min

Descendre la rue jusqu'à la Seine [> jonction avec la variante du GR® 2].

11 Poursuivre le long de la Seine jusqu'à l'écluse du Plessis-Chênet.

> Jonction avec le GR® 2 qui arrive à droite par la passerelle du barrage (voir page 43).

Par le GR® 2 et hors GR® > pour la halte du Plessis-Chênet (RER D) — 200 m — 5 min

Continuer en bordure de la Seine sur 80 m, puis monter l'escalier à gauche.

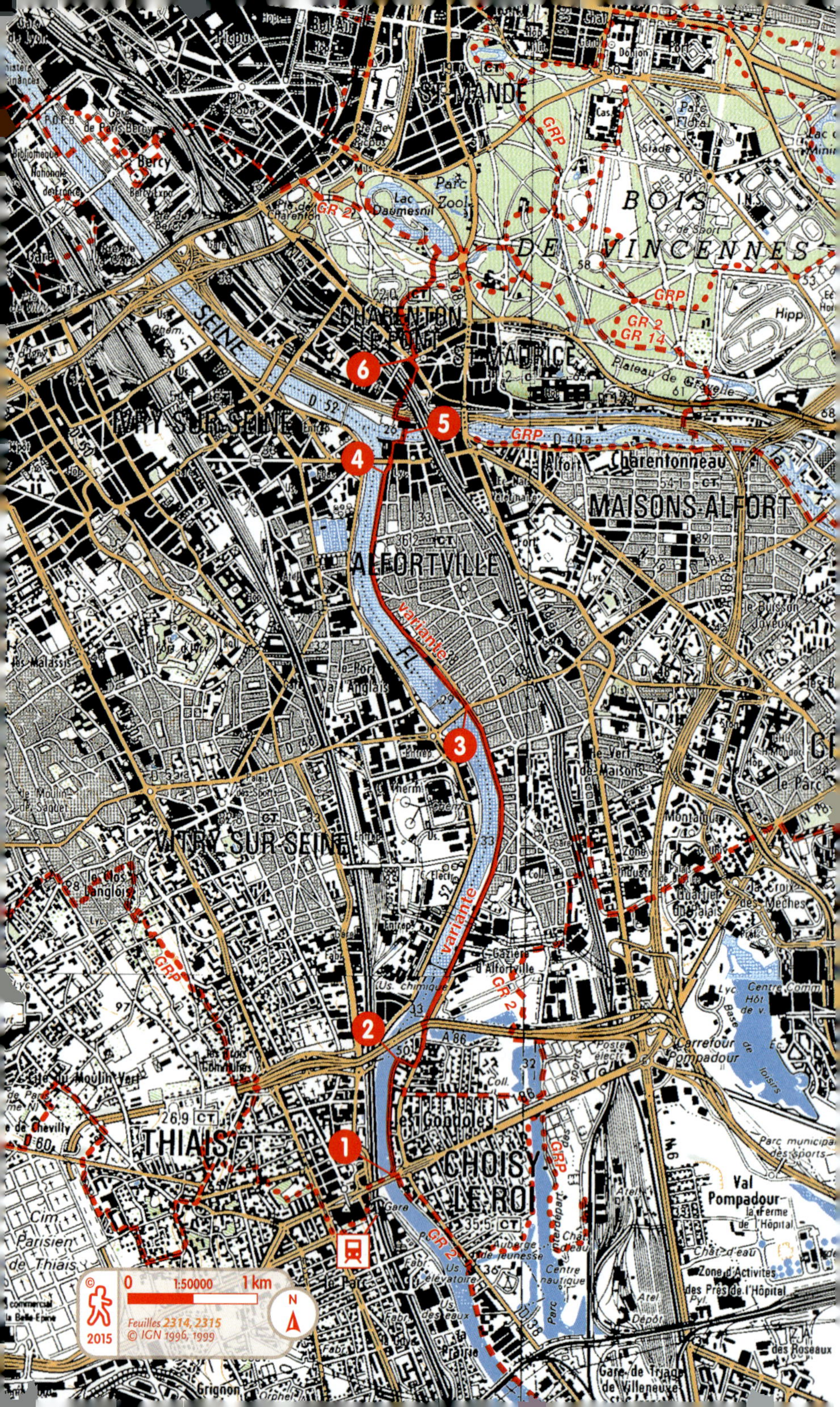
ST MANDÉ
BOIS DE VINCENNES
Lac Daumesnil
Parc Zool.
Bercy
Gare de Paris Bercy
SEINE
GR 2
GRP
GR 14
CHARENTON LE PONT
ST MAURICE
IVRY SUR SEINE
Charentonneau
Alfort
MAISONS ALFORT
ALFORTVILLE
variante
VITRY SUR SEINE
Carrefour Pompadour
THIAIS
CHOISY LE ROI
Val Pompadour
Zone d'Activités des Prés de l'Hôpital
Cim. Parisien de Thiais
1
2
3
4
5
6
0
1:50000
1 km
2015
Feuilles 2314, 2315
© IGN 1996, 1999
N

Variante par le confluent Seine – Marne
Du Pont de Choisy-le-Roi au bois de Vincennes

> Cet itinéraire permet de rester au plus près de la Seine avant de retrouver le GR® 2 au bord du lac Daumesnil, dans le bois de Vincennes.

Du pont de Choisy-le-Roi à la passerelle d'Alfortville — 6,3 km — 1 h 35

Accès > depuis la gare RER C de Choisy-le-Roi — 700 m — 10 min

De la gare, en rive gauche, franchir le pont et descendre sur le quai Pompadour à gauche.

❶ Longer la Seine vers le nord par le quai Pompadour sur 750 m [> séparation du GR® 2 qui part à droite (voir page 51)]. Continuer tout droit sur 200 m.

❷ Prendre la rue des Marronniers à droite et la rue d'Alfortville (D 138) à gauche. Elle passe sous le viaduc de l'A 86 puis sur le pont du port. Longer les quais de la Révolution et Jean-Baptiste-Clément jusqu'au pont à l'Anglais [👁 > qui doit son nom à la famille Langlois, serfs affranchis en 1280 par une charte de Notre-Dame-de-Paris ; ils y avaient développé une ferme et un premier port sur la Seine].

👁 > Structure inspirée du système des ponts suspendus rigides inventés par le polytechnicien Albert Gisclard. Il mesure 250 m de long. Les deux piles sont dans l'axe des bajoyers des deux écluses du barrage afin de ne pas gêner la circulation des bateaux. Les deux pylônes en béton de 26 m de haut sont édifiés en forme d'arc de triomphe afin de donner à l'ensemble un aspect moins industriel. Le pont fut commencé en 1913 et achevé en 1928. Il remplaça l'ancien bac.

❸ Rester en rive droite, quai Auguste-Blanqui.

❹ Juste avant le pont d'Ivry, quitter le bord de Seine, traverser la rue Charles-De-Gaulle (D 19), le square, puis suivre à droite le quai d'Alfortville et franchir la passerelle d'Alfortville sur la Marne.

👁 > C'est aux portes de Paris, entre Alfortville et Charenton-le-Pont, que la Seine, après sa course de 411 km, s'enrichit des eaux de la Marne longue de 525 km. Les berges de la Marne ont gardé leur côté bucolique, qui attirait au début du siècle passé et de nos jours encore, les Parisiens souhaitant passer le dimanche au bord de l'eau.

De la passerelle d'Alfortville au lac Daumesnil — 1,8 km — 25 min

À Alfortville >

❺ Continuer, franchir le pont Martinet sur l'A 4 et traverser le quai des Carrières. Monter les passerelles de l'Embarcadère, puis emprunter la passerelle métallique sur la voie ferrée. Elle se prolonge par la rue Arthur-Croquette. Traverser la rue de Paris et aller à gauche [> station de métro Charenton-École].

❻ Suivre la rue de la République à droite, la rue Jean-Jaurès à gauche, traverser l'avenue de Gravelle et entrer dans le bois de Vincennes. Passer à gauche du cimetière, couper les routes du Bac, de la Plaine, de Ceinture et arriver au bord du lac Daumesnil [> jonction avec le GR® 2 (voir page 55)].

AMÉNAGEMENT
LA SEINE ET LES HAUTS-DE-SEINE

Par sa géographie comme par son histoire, le territoire des Hauts-de-Seine a été le théâtre extraordinaire de pratiques et d'usages liés au fleuve. Si le XIXe siècle a été le temps des guinguettes le long des berges et sur de nombreuses îles, à travers les époques, la Seine demeure un élément identitaire fort du département.

LA SEINE ENTRE SÈVRES ET BOULOGNE / PHOTO M.-O.G.

AMÉNAGEMENT
RENDRE LA SEINE AUX HABITANTS

En se dotant, en février 2006, d'un schéma d'aménagement et de gestion durable de la Seine et de ses berges, le Département s'est fixé des objectifs pour les années à venir. L'un d'entre eux, prioritaire, consiste en l'aménagement en bord de Seine d'une promenade continue, accessible aux piétons et aux vélos, alternant sur l'une ou l'autre rive. Cette création d'un itinéraire de liaison, conjointement à un processus de reconquête des berges, s'organise au travers de plusieurs aménagements réalisés ou en projet. Ils contribuent à valoriser le cadre de vie des habitants du département.

PROMENADE EN BORDS DE SEINE À LEVALLOIS / PHOTO M.-O.G.

ENVIRONNEMENT
Une géographie fluviale contrastée

La Seine traverse les Hauts-de-Seine sur 39 kilomètres, en traçant deux larges méandres. Ses 66 kilomètres de berges, dont 15 concernent les îles, marquent fortement le paysage.

Au nombre de trente-quatre, il y a deux siècles, contre six aujourd'hui, les îles participent au charme du fleuve. En amont, l'île Saint-Germain précède l'île Seguin. Plus loin, l'île de Puteaux forme un chapelet avec l'île de la Jatte. Dans la boucle nord, l'île Saint-Denis, longue et étroite, sépare deux départements. Plus en aval encore, l'île fleurie – ou île des Impressionnistes, est marquée par le séjour de peintres célèbres.

Les coteaux, véritables balcons sur la vallée et sur Paris, soulignent le tracé du fleuve. La Seine possède plusieurs petits affluents, tels le ru de Marivel ou le ru de Vaucresson.

La Seine constitue un espace naturel d'envergure, de près de 450 hectares. Elle joue le rôle de corridor écologique pour de nombreuses espèces animales et végétales. Des berges naturelles existent encore dans sur la partie aval du fleuve ainsi que dans les petits bras des îles.

L'évolution de la société a conduit au développement d'une urbanisation alliant un bâti ordinaire et des espaces publics diversifiés, transformant le paysage fluvial. Aujourd'hui, vecteur d'activités économiques, composante essentielle du paysage et du cadre de vie, la Seine représente une richesse que la population aspire à redécouvrir et à voir se recomposer.

Le Port Van Gogh à Asnières / photo M.-O.G.

AMÉNAGEMENT
DES AMÉNAGEMENTS À CARACTÈRE NATUREL DÉJÀ RÉALISÉS

La Seine entre Nanterre et Rueil / photo M.-O.G.

La reconquête de l'espace public par les piétons et les cyclistes s'accompagne d'un objectif de renaturation globale des rives. C'est dans cet esprit que l'aménagement des berges de l'île de Monsieur à Sèvres, celui de la pointe nord de l'île de la Jatte à Neuilly et la réhabilitation des berges au parc départemental du chemin de l'île à Nanterre et plus en aval ont été réalisés. Ces opérations sont autant d'opportunités pour améliorer la qualité paysagère et la biodiversité et renforcer le caractère naturel de lieux déjà existants.

LOISIRS
LE CONCEPT DE LA VALLÉE DE LA CULTURE

Le projet de la Vallée de la Culture propose de réveiller une part de la géographie qui a donné son nom au département : la boucle de la Seine d'Issy-les-Moulineaux à Nanterre. À partir de cette partie du fleuve qui structure le département, il s'agit de créer une scène de loisirs et de pratiques culturelles permanente pour tous les publics.

Le Conseil départemental mène actuellement de front deux grands projets : la rénovation du musée départemental Albert-Kahn à Boulogne, et la construction d'un équipement musical inédit en France à ce jour sur la pointe aval de l'Île Seguin : la Cité musicale départementale.

La situation géographique de ces deux projets, sur la première boucle de la Seine, en fait un premier « point d'appui » privilégié du projet de « Vallée de la Culture » de part et d'autre du fleuve dans un secteur où l'on retrouve également la Cité de la céramique à Sèvres.

La Cité musicale départementale en construction sur l'île Seguin / photo M.-O.G.

ENVIRONNEMENT
La conversion du port de Courbevoie

Les berges de Courbevoie, en amont du pont du même nom, étaient auparavant occupées par une grande zone portuaire. Le Département des Hauts-de-Seine a décidé, en partenariat avec la ville de Courbevoie, de requalifier cette surface en espace vert et de loisirs. Après avoir contourné la base nautique existante, le piéton accède à une plateforme à double vocation : elle accueille des animations culturelles et sert occasionnellement de quai de débarquement pour l'établissement public Ports de Paris qui a pour mission de développer le transport fluvial de marchandises et de passagers en Île-de-France.

Un accès direct au fleuve, matérialisé par un escalier enjambant la RD7, a été mis en place ; il permet ainsi au public d'accéder directement au bord de l'eau, depuis la dalle du front de Seine vers le pont de Courbevoie.

Le nouvel axe est prolongé à cet endroit par un belvédère ; les promeneurs peuvent y jouir d'une vue panoramique exceptionnelle. Plus au nord, un grand jardin paysager doté d'un mur antibruit végétalisé séparant le jardin de la route, s'offre à la détente et à la promenade.

Port de Courbevoie aménagé / photo M.-O.G.

ÉCONOMIE
LE PORT DE GENNEVILLIERS

Situé à 15 km de Paris et à 177 km du Havre, c'est le premier port fluvial de France et le second d'Europe. Il s'étend sur près de 400 hectares. C'est un port multimodal fluvial, routier, ferroviaire et pétrolier. Il assure environ 13 % de l'approvisionnement de l'Île-de-France (produits métallurgiques, minerais, déchets, combustibles solides, produits pétroliers, matériaux de construction, machines, véhicules divers et denrées alimentaires). 2,8 millions de tonnes sont transportées en trafic fluvial, 136 000 tonnes en trafic maritime. Le Schéma d'Aménagement et de Développement prévoit la création de darses vertes, d'un arboretum, de pistes cyclables, la réduction de la pollution des sols et un plan pour une meilleure insertion urbaine, environnementale et paysagère dans la trame verte des berges de Seine.

ENVIRONNEMENT
LE PARC DÉPARTEMENTAL DES CHANTERAINES

Il s'étend sur 70 hectares de Gennevilliers à la promenade des mariniers à Villeneuve-la-Garenne. C'est un vaste espace naturel avec des sentiers pédestres, des pelouses, des jardins botaniques, un potager, une fosse de grande profondeur pour la plongée sous-marine, un étang pour la pêche et un plan d'eau pour la baignade. Il offre aux enfants des nombreuses activités *(ferme pédagogique, poney-club, Guignol, Cirque de Paris avec des clowns et des acrobates)*. Il accueille environ 110 espèces d'oiseaux dont le martin-pêcheur, le blongios nain et la rousserolle effarvatte. On y observe aussi le triton alpestre.

LE PETIT TRAIN DES CHANTERAINES / PHOTO P.M.

LOISIRS
Découvrir la Seine-Saint-Denis

Avec ses 236 km², la Seine-Saint-Denis est l'un des plus petits départements de France, vous le découvrirez au travers des 27 itinéraires de randonnée sélectionnées par le Comité départemental de la Randonnée pédestre de Seine-Saint-Denis (CDRP93).

La Seine-Saint-Denis compte 350 km d'itinéraires balisés, inscrits au PDIPR, répartis en 2 GR®, 2 GRP® et 27 PR. Les habitants de Seine-Saint-Denis sont de plus en plus à la recherche de promenades locales, leur permettant de découvrir leur patrimoine.

La valorisation des zones de nature au sein d'espaces fortement urbanisés est un élément primordial pour améliorer la qualité de vie des habitants. Le CDRP93 labellise tous ces itinéraires et travaille à la création de Randofiches®, et de Topo-guides® afin d'amener plus de randonneurs et promeneurs à découvrir le département.

Voici deux exemples de circuits pédestres :
- **Livry-Gargan – La Cité Fleurie** : Le PR nous fait découvrir la ville de Livry-Gargan, il permet de mettre en exergue un environnement exceptionnel et chargé d'histoire en plein cœur d'une zone urbaine dense et de faire découvrir aux Franciliens le passé glorieux de cette ville résidentielle.

- **Le parc départemental Georges – Valbon – La Courneuve** : Le parc créé dans les années soixante, couvre plus de 400 hectares, et permet d'apprécier des prairies fleuries, cascades, ruisseaux et aires de jeux. Les 53 kilomètres de routes et chemins qui parcourent le parc donnent accès à un belvédère de 66 mètres de haut d'où vous découvrez le grand lac qui s'étend sur 12 hectares.

PARC DÉPARTEMENTAL DE L'ÎLE-SAINT-DENIS / PHOTO **CDRP93**

Basilique Saint-Denis – Extérieur façade ouest / photo CDRP93

PATRIMOINE
SAINT-DENIS, LA BASILIQUE DES ROIS

La basilique de Saint-Denis constitue le fleuron des édifices religieux de la Seine-Saint-Denis. Construite près du lieu où fut inhumé Denis, martyr et premier évêque de Lutèce, l'église abbatiale reste l'exemple majeur des débuts de l'art gothique ; elle servit de modèle à Sens, Paris et Laon.

Son édification débute sous les auspices de l'abbé Suger entre 1137 et 1144 (personnalité d'une dimension politique et intellectuelle exceptionnelle). Le chevet est une création reconnue comme le manifeste du nouvel art gothique. La rose de la façade est la première du genre, ainsi que les statues-colonnes qui encadrent les portails. Vers 1230, à la demande de Louis IX, plusieurs maîtres, dont Pierre de Montreuil, se succèdent sur ce grand chantier du siècle. Il s'achève en 1281 avec l'édification du transept à destination funéraire. La basilique accueille le plus grand ensemble de monuments funéraires du monde de Clovis à Louis XVIII.

Au cœur de la vieille ville, rebâtie ou en cours de rénovation urbaine, plusieurs édifices sont les témoins du riche passé de cette cité intellectuelle, commerçante et industrielle (les bâtiments des congrégations religieuses, les halles, les séchoirs, les maisons de ville avec échoppes, ateliers et entrepôts,…) ; la basilique attend que soit reconstruite la flèche nord tombée un jour d'orage.

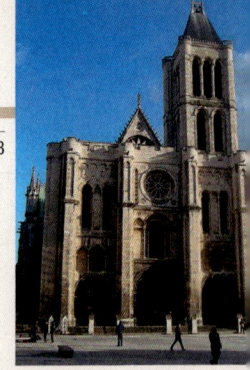

AMÉNAGEMENT
LE CANAL SAINT-DENIS

Long de 6,6 kilomètres, le canal de Saint-Denis relie le rond-point des canaux, situé à proximité du Parc de la Villette, à la Seine au niveau de l'Île Saint-Denis. Napoléon Bonaparte ordonne la création du réseau des canaux parisiens, en particulier, le canal de déviation qui partira de la Seine, au-dessous du Bassin de l'Arsenal, pour se rendre dans les bassins de partage de La Villette par Saint-Denis, afin d'éviter la navigation par le centre de Paris, très encombrée. Ce canal permet d'éviter un méandre de la Seine. Les travaux ont commencé en 1805 sous la direction de René-Édouard de Villiers du Terrage et il a été mis en service en 1821. Il comportait alors douze écluses pour une dénivellation de 28,34 m. Le canal a été reconstruit et élargi pour accepter les barges à grand gabarit, entre 1890 et 1895. À cette occasion, le nombre d'écluses est ramené à sept.

Écluse des Quatre-Chemins / photo CDRP93

ARTS ET LETTRES
L'ÎLE SAINT-DENIS, LE BERCEAU DE L'IMPRESSIONNISME

Les bords de Seine furent le berceau de l'impressionnisme, les berges de l'Île Saint-Denis attirèrent de nombreux peintres. Le réalisme de Gustave Courbet avec ses *Demoiselles des bords de Seine*, donne le signal aux impressionnistes à explorer d'autres sujets et d'autres façons de peindre. Pour Édouard Manet, ce n'est pas vraiment une nouveauté puisque sa famille est établie dans la région depuis le XVIIIe siècle. Son grand-père fut maire de Gennevilliers de 1808 à 1814. C'est en se promenant à l'Île Saint-Denis, quai du Saule-Fleuri, que Manet dessine les études qui allaient servir à réaliser le fameux *Déjeuner sur l'herbe*, œuvre qui provoqua le scandale que l'on sait en 1863. Sisley puisa lui aussi ses inspirations le long des berges de l'île et réalisa plusieurs tableaux représentant l'Île Saint-Denis et ses ponts suspendus.

Aujourd'hui après avoir vécu un passé industrieux durant le XXe siècle, les entrepôts et les ateliers cèdent la place à des quartiers résidentiels, les espaces verts se multiplient, l'Île Saint-Denis retrouve son côté jardin et site d'attraction qui avaient conquis les peintres de la fin du XIXe siècle.

PARC DÉPARTEMENTAL DE L'ILE SAINT-DENIS / PHOTO CDRP93

INFOS PRATIQUES

Avant de partir… en randonnée

Temps de marche

Les temps de marche indiqués dans ce guide sont indicatifs. Ils correspondent à une marche effective d'un marcheur moyen. Attention ! Les pauses et les arrêts ne sont pas comptés.

Dans les régions peu vallonnées, le temps de marche est calculé sur la base de 4 km à l'heure.
Chacun adaptera son rythme de marche selon sa forme physique, la météo, le poids du sac, etc.

Modifications d'itinéraires

Le parcours correspond à la description qui est faite dans le TopoGuide®. Toutefois, dans le cas de modification d'itinéraire, il faut suivre le nouveau balisage qui ne correspond plus alors à la description. Ces modifications sont disponibles auprès du Centre d'information de la Fédération française de la randonnée pédestre (voir rubrique Adresses utiles) et sur le site www.ffrandonnee.fr rubrique Boutique, Topo-guides.

Les renseignements fournis dans le TopoGuide®, ainsi que les jalonnements et balisages, n'ont qu'une valeur indicative, destinée à permettre au randonneur de trouver plus aisément son chemin.
La responsabilité de la Fédération française de la randonnée pédestre ne saurait donc être engagée.

Bien entendu, le balisage n'est pas une finalité, mais un moyen d'assistance et d'initiation : son objectif est de permettre aux randonneurs, voire aux promeneurs, de se déplacer dans le milieu naturel sans autre aide que celles de la carte, de la boussole, d'un jalonnement des lieudits et des points remarquables du paysage.

Assurances

Le randonneur parcourt l'itinéraire décrit, qui utilise le plus souvent des voies publiques, à ses risques et périls. Il reste seul responsable, non seulement des accidents dont il pourrait être victime, mais des dommages qu'il pourrait causer à autrui tels que feux de forêts, pollutions, dégradations…
Certains itinéraires empruntent des voies privées : le passage n'a été autorisé par le propriétaire que pour la randonnée pédestre exclusivement.

De ce qui précède, il résulte que le randonneur a intérêt à être bien assuré.
La Fédération française de la randonnée pédestre et ses associations délivrent une licence ou une *Randocarte* incluant une assurance adaptée.

S'équiper

Pour partir à pied plusieurs jours dans la nature, mieux vaut emporter un minimum d'équipement :
• des vêtements de randonnée adaptés à tous les temps (vent, froid, orage, pluie, neige, chaleur, etc.) ;
• des chaussures de marche adaptées au terrain et à vos pieds ;
• un sac à dos ;
• un sac et un drap de couchage pour certains gîtes d'étape ou refuges qui ne fournissent pas le nécessaire ou si vous campez. N'oubliez pas de poser la question lors de votre réservation.
• des accessoires indispensables (gourde, couteau, pharmacie, lampe de poche, boussole, grand sac poubelle pour protéger le sac à dos, chapeau, bonnet, gants, lunettes de soleil et crème solaire, papier toilette et couverture de survie).
• des bâtons de marche sont également recommandés.

S'alimenter

Pensez à vous munir d'aliments énergétiques riches en protéines, glucides et fructose, tels que des barres de céréales, pâtes de fruits, fruits secs. Le chocolat est également un bon aliment énergétique, mais il présente l'inconvénient de fondre à l'intérieur du sac. Pensez aussi à boire abondamment, mais attention à ne pas prendre n'importe quelle eau en milieu naturel ; munissez-vous dans ce cas de pastilles purificatrices.

INFOS PRATIQUES

Bibliographie, cartographie

Connaissance géographique, touristique et historique de la région

- Dubois (Ph.), Lesaffe (G), *Guide de la Nature Paris et banlieue*, 2d. Parigramme.
- *Histoire de l'Ile-de-France*, sous la direction de M.Mollat, éd. Privat.
- Pomerol (Ch.), *Découverte géologiques de Paris et de l'Ile-de-France*, BRGM
- Raveneau (A.), Courtat, *La Campagne à Paris et en Ile-de-France*, éd. Parigramme.
- *Tous en Seine*, rapport en 2013 de Jacques Perreux, Conseiller régional d'IDF.
- Collection Les itinéraires, *Yvelines*, Projection
- *La Seine en Île-de-France*, Encyclopédies du voyage Gallimard
- *Le patrimoine des communes des Yvelines*, éditions Flohic, 2000 (tomes 1 et 2)

Ouvrages généraux

- Guide bleu *Île-de-France*, Hachette
- Guide Michelin *Environs de Paris*
- Guide du patrimoine *Ile-de-France*

Topo-guides de la FFRandonnée

- *La Seine-et-Marne… à pied*, réf. D077
- *L'Essonne… à pied*, réf. D091
- *Paris… à pied*, réf. V175
- *Villes, parcs et forêts des Hauts-de-Seine… à pied* réf. VI92
- *Le Val-d'Oise… à pied*, réf. D095
- *Les Yvelines… à pied*, réf. D078
- *Les Environs de Paris… à pied*, réf. RE01
- *L'Eure… à pied*, réf. D027

Cartographie

- Cartes au 1 : 100 000 n° 108, 109, 118, 119
- Carte Michelin au 1 : 200 000 n° 237

PÉNICHES SUR LA SEINE / PHOTO M.-F.D.

RÉALISATION

✓ Ce topo-guide est l'aboutissement du projet entre le Conseil régional de l'Île-de-France et le Comité régional de la randonnée pédestre de l'Île-de-France.

✓ L'ensemble du projet a été coordonné au plan régional par le Comité Régional de l'Île-de-France sous la direction de Jean-Michel Grossard et de Daniel Queru assistés par les huit Comités départementaux de l'Ile-de-France.

✓ Le GR®2 en Île-de-France a été créé dans les années 1970 à l'initiative du Comité National des Sentiers de Grande Randonnée (CNSGR).

✓ Ce GR® est balisé et entretenu par les baliseurs bénévoles des Comités départementaux de la randonnée pédestre de l'Île-de-France et de l'Eure.

✓ Les descriptifs ont été rédigés par les bénévoles des Comités départementaux de l'Île-de-France : Christian Pelux (CDRP77), Alain Daguet (CDRP91), Daniel Queru (CDRP91), Marie-Olga Chamaillard (CDRP94), Hervé Chamaillard (CDRP94), Patrice Gautier (CDRP75), Patricia Gortan (CDRP75), Daniel Ramey (CDRP75), Patrice Saboureault (CDRP92), Patrick Menestrey (CDRP92), Georges Desbourdes (CDRP93), Jean-Claude Cassonnet (CDRP78), M. Ducroq (CDRP78), Jean-Paul Jardel (CDRP78), D. Saunier (CDRP78), G. Thelier (CDRP78), Jacques Fourreau (CDRP95), Jean-Jack Derval (CDRP27).

✓ Les textes thématiques ont été rédigés par :
- pour la Seine-et-Marne : la direction du développement durable de la CC2F (La réserve naturelle de Saint-Martin), l'Espace culturel de Saint-Fargeau-Ponthierry (les 26 couleurs. L'ancienne usine de papiers peints Leroy) et Christian Pelux (Les fromages de brie, Le sable et la Seine, Coches d'eau et transport fluvial, L'ile de loisirs de Bois-le-Roi).
- pour l'Essonne : Alain Daguet et Daniel Queru.
- pour le Val-de-Marne : Marie-Olga et Hervé Chamaillard.
- pour Paris : Patrice Gautier et Daniel Ramey.
- pour les Hauts-de-Seine : Patrick Menestrey.
- pour la Seine-Saint-Denis : Georges Desbourdes.
- pour les Yvelines : Jean-Paul Jardel.
- pour le Val-d'Oise : Jacques Fourreau.
- pour l'Eure : Jean-Jack Derval.
- pour la Région Ile-de-France : Racheline Cohen.
- pour le Conseil départemental des Hauts-de-Seine : Marie-Odile Grandchamp.

✓ Les photos ont été fournies par : la Communauté de Communes des deux Fleuves (CC2F), Frogimage pour MSL, Marie-Paule Duflot (M.-P.D.), EPTB Seine Grands Lacs, Moret Seine et Loing (MSL), M.F.Drouin (M.-F.D.), Daniel Queru (D.Q.), Patricia Gortan (P.G.), Jean-Paul Jardel (J.-P.J.), Christian Issanchou (C.I.), la mairie d'Herblay, Georges Borowicz (G.B.), Jean-Claude Coache (J.-C.C.), André Tillous (A.T.), M. Jacquin/UCPA de Bois-le-Roi (M.J.), la Ville de Saint-Fargeau-Ponthierry, Marie-Odile Grandchamp (M.-O.G.), Patrick Menestrey (P.M.), Jean-François Solas (J.-F.S.), le CDRP93, le musée des Impressionnismes de Giverny.

✓ Nous remercions le Conseil départemental des Hauts-de-Seine pour la fourniture des textes et photos concernant l'aménagement et l'environnement (pages 116 à 119).

✓ Responsable de la production éditoriale : Isabelle Lethiec. Assistante de direction : Sabine Guisguillert. Développement et suivi des collectivités territoriales : Patrice Souc, Soumaya Abid. Secrétariat d'édition : Philippe Lambert, Marie Fourmaux. Cartographie : Olivier Cariot, Frédéric Luc, Nicolas Vincent, Édigraphie. Mise en page : Jérôme Bazin, Justine Dupré, Auriane Bayard. Lecture et corrections : Marie-France Helaers, Didier Babin, Évelyne Chaix, Michèle Rumeau. Création maquette et design couverture : MediaSarbacane.

Cette opération a été financée par le Comité régional d'Île-de-France de la randonnée pédestre, la Région Île-de-France et HAROPA - Ports de Paris. La Fédération française de la randonnée pédestre a apporté ses compétences éditoriales.

THÉMATIQUE

AMÉNAGEMENT
Le lac Daumesnil, 57
Les berges de Seine, 65
La Seine et les Hauts-de-Seine, 116
Rendre la Seine aux habitants, 116
Des aménagements à caractère naturel déjà réalisés, 118
Le canal Saint-Denis, 122

ARCHITECTURE
Les Choux de Créteil, 53

ARTS ET LETTRES
Giverny, terre d'artistes, 106
L'Île Saint-Denis, le berceau de l'impressionnisme, 123

ÉCONOMIE
Coches d'eau et transport fluvial, 35
Les carrières de calcaire, 84
Conflans-Sainte-Honorine, capitale de la batellerie, 85
Le port de Gennevilliers, 120

ENVIRONNEMENT
Le sable de la Seine, 34
L'Île Saint-Germain, 70
La Seine dans les Yvelines, 79
Le Parc naturel régional du Vexin Français, 91
Le site Natura 2000 des boucles de Moisson, Guernes et forêt de Rosny, 99
Une géographie fluviale contrastée, 117
La conversion du port de Courbevoie, 119
Le parc départemental des Chanteraines, 120

FAUNE ET FLORE
La réserve naturelle de la colline Saint-Martin et des Rougeaux, 31

GASTRONOMIE
Les fromages de Brie, 30
Le noyau de Poissy, 90

HISTOIRE
Les Moulins de Corbeil, 46
Vincennes, un bois façonné par l'État, 56
Les îles de la Seine, 61
L'île Seguin, 71
L'île de Monsieur, 71
La terrasse de Meudon, 72
L'observatoire de Meudon, 72
Les étangs Corot à Ville-d'Avray, 73
Le monument Pasteur à Marnes-la-Coquette, 73
Le Mémorial de l'Escadrille La Fayette, 73
La forêt domaniale de La Malmaison, 78

LOISIRS
Base de loisirs de Bois-le-Roi : aire de détente et tremplin d'exploration, 110
Le concept de la Vallée de la Culture, 118
Découvrir La Seine-Saint-Denis, 121

PATRIMOINE
Notre-Dame de Paris, 60
La Tour Eiffel, 64
La cité de la céramique, 71
La collégiale de Mantes, 98
Vétheuil, commune du Vexin Français, 102
La Roche-Guyon, 103
Musée des Impressionnismes de Giverny, 107
« Les 26 Couleurs », l'ancienne usine de papiers-peints Leroy, 111
Saint-Denis, la basilique des Rois, 122

VIE CONTEMPORAINE
La ville d'Évry, 47
Le Val-de-Marne, 52

TEMPLE D'AMOUR À NEUILLY / PHOTO J.-F.S.

GÉOGRAPHIQUE

A
Alfortville, 115
Andrésy, 87
Athis-Mons, 49

B
Bois-le-Roi, 39, 109
Boissettes, 41
Boissise-la-Bertrand, 41
Boissise-le-Roi, 113
Bonnières-sur-Seine, 101
Bougival, 77

C
Cesson, 43
Champagne-sur-Seine, 33
Chanteloup-les-Vignes, 87
Chartrettes, 39
Chaville, 75
Choisy-le-Roi, 51, 115
Conflans-Fin-d'Oise, 87
Conflans-Sainte-Honorine, 83
Corbeil-Essonnes, 45
Cormeilles-en-Parisis, 83
Coudray-Montceaux (Le), 45, 113
Créteil, 51

D
Daumesnil (lac), 55, 115
Draveil, 49

E
Étiolles, 45
Évecquemont, 89
Évry, 49

F
Follainville, 97
Fontaine-le-Port, 37
Fontainebleau, 37
Fontenay-Saint-Père, 95
Frette-Montigny (La), 83

G
Gaillon-sur-Montcient, 93
Garches, 75
Giverny, 105
Grande-Paroisse (La), 29
Gravelle (kiosque), 55
Graville (château de), 33

H
Herblay, 83

I
Issy-les-Moulineaux, 69

J
Joinville-le-Pont, 55
Juvisy, 49
Juziers, 95

L
La Celle-sur-Seine, 33

M
Maisons-Alfort, 51
Mantes-la-Jolie, 95, 97
Marnes-la-Coquette, 75
Mée-sur-Seine (Le), 41
Melun, 41, 109
Meudon, 69
Meulan-Hardricourt, 89, 93
Monterau-Fault-Yonne, 29
Morsang-sur-Seine, 43

O
Oinville-sur-Montcient, 93

P
Paris, 59, 63, 67
Pecq (Le), 81
Plessis-Chênet (Le), 45, 113
Ponthierry, 113

R
Ris-Orangis, 49
Roche-Guyon (La), 101

S
Saint-Fargeau, 113
Saint-Germain-en-Laye, 81
Saint-Martin-la-Garenne, 101
Saint-Maur-des-Fossés, 55
Sainte-Geneviève-lès-Gasny, 105
Samois-sur-Seine, 37
Samoreau, 37
Sartrouville, 83
Seine-Port, 43

T
Tessancourt-sur-Aubette, 93
Triel-sur-Seine, 89

V
Vaucresson, 77
Vaux-sur-Seine, 89
Vernon, 105
Vernou, 33
Vétheuil, 101
Vigneux-sur-Seine, 49
Ville-d'Avray, 75
Villeneuve-Saint-Georges, 51
Vincennes (bois de), 55, 115
Vulaines-sur-Seine, 37

Les itinéraires de randonnée pédestre connus sous le nom de « GR », jalonnés de marque blanc-rouge, sont une création de la FFRandonnée. Ils sont protégés au titre du code de la propriété intellectuelle. Les marques utilisées sont déposées à l'INPI. Nul ne peut en disposer sans une autorisation expresse. Sentier de Grande Randonnée, Grande Randonnée pays, Promenade & Randonnée, Randocitadines, À pied en famille, Les Environs de… à pied, sont des marques déposées, ainsi que les marques de couleur blanc-rouge et jaune-rouge.
Les extraits de cartes figurant dans cet ouvrage sont la propriété de l'Institut géographique national. Toute reproduction est soumise à l'autorisation de ce dernier.

1ère édition : juin 2015 - ISBN 978-2-7514-0789-5
© IGN 2015 (fonds de cartes) © FFRandonnée 2015 - Dépôt légal : juin 2015
Achevé d'imprimer en France
sur les presses de Chirat (Saint-Just-la-Pendue)
selon les normes de la certification PEFC®